JN089045

嘘と政治

ポスト真実とアーレントの思想

百木 漠
Momoki Baku

青土社

嘘と政治　目次

嘘と政治　ポスト真実とアーレントの思想

人々はこれほど嘘をついたことはなかった…実際、連日、時間単位で、分単位で、嘘の大波が世界に流れ込んでいる。言葉、文章、新聞、ラジオ…技術の発展全体が嘘に奉仕している。

現代人――ここでもまた、私たちが思い浮かべているのは全体主義的な人間だ――はその生活のあらゆる瞬間に嘘に浸っており、嘘を吸い込み、嘘に従っている。

アレクサンドル・コイレ「嘘についての省察」

序章

真理の危機、政治の危機

1　ポスト真実の出現

二〇一六年にオックスフォード辞典が「ワード・オブ・ザ・イヤー」として選んだ言葉が「ポスト真実《トゥルース》」であったことは大きな話題を呼んだ。これは「世論を形成する際に、客観的な事実よりも、むしろ感情や個人的信条へのアピールの方がより影響力があるような状況」を指すと定義されている。その背景にあったのは、言うまでもなく、EU離脱《ブレクジット》が決定された英国の国民投票とドナルド・トランプが当選した米国の大統領選挙であった。この二つの投票にあたって、英国独立党およびトランプ陣営は、多くの「嘘」と差別的発言を含む扇動的な演説を繰り返した。それらの主張に多くの嘘や歪曲が含まれていることが、投票以前から多くのメディアによって指摘されていたにもかかわらず、蓋を開けてみれば、勝利したのは「嘘」をついていた側であった。反対に、政治的に正しい《ポリティカル・コレクト》発言を行っていたリベラルの側が、大方の予想を裏切って敗北したことは、世界中に大きな衝撃を与えた。もはや人々は「真実」など気にかけていないのだろうか？　それよりも感情や信条に訴えかける扇動的なアピールの方が大きな意味を持っているのだろうか？　そうした疑念や不安が世界中に広がることとなったのが「ポスト真実」と呼ばれる状況である。

あわせて「フェイクニュース」や「オルタナティヴ・ファクト」なる言葉も人口に膾炙した。二〇一六年米国大統領選挙では、トランプ支持者向けの偽ニュースサイトが乱立し、「クリントン候補がイスラム国に武器を売却」「オバマ氏がクリントン候補の不支持を表明」「ローマ法王がトランプ候補の支持を表明」などのデマが多く流された（その背景にはロシア政府によるプロパガンダ工作があったとの報道もなされている）。のみならず、トランプ自身がCNNや『ワシントン・ポスト』などの大手メディアに対して「フェイクニュースだ！」という攻撃的な言葉をたびたび投げかけたことも話題となった。

英国のEU離脱の是非を問う国民投票でも、離脱派は様々な「嘘」をついていたことが明らかになっている。例えば、英国独立党党首のファラージは、EU加盟の拠出金が週三億五〇〇〇万ポンド（約四八〇億円）に達しており、EUから離脱すればこの金額を社会保障の充実に回すことができると主張していた。選挙期間中からEU残留派が指摘していたように、EUからイギリスに分配される補助金などを差し引けば実際の拠出金は週一億数千万ポンドでしかなかった。ファラージは選挙後にこの金額が正しかったことを事実上認めた。こうしたフェイクニュースは、しばしばインターネット、特にSNSを通じて拡散され、選挙情勢にも少なからず影響を及ぼしたと言われている。

驚くべきことに、こうしたフェイクニュースの一部は、マケドニアなどの東ヨーロッパの若者たちが小遣い稼ぎ目的のために流したものであったという。[1] ある少年は、米国大統領選に関するフェイクニュースの広告収入によって少なくとも半年で六万ドル（約六八八万円）の収入を得たと答えている。「相手が何を欲しがっているかを察知して、ただそれを与えればいいんだ」とこの少年は語っている。「相手が水を欲しがっていれば水を出すし、ワインがいいならワインを出す。ほんとに単純なことだよ」。一七歳の少年は、NBCの取材に対して、自分は広告収入で大儲けしたうちの一人にすぎないと語った。マケドニアの小さな町ベレスでは、少なくとも三〇〇〇人の住民が自分たちのウェブサイトに捏造記事を掲載し、大統領選挙のあいだ、記事の作成・拡散による広告収入で大金を稼いだという。[2] このようにあっけらかんとした態度で、遠い国に住む少年がフェイクニュースを捏造してネット上に流し、それが拡散されて米国や英国の政治に多大な影響を与えているという事実を、われわれはどのように受け止めれば良いのだろうか？

こうした欧米の状況とは異なる文脈ではあるが、同時期に日本でも別種の「ポスト真実」問題が現れた。それが公文書の改竄《かいざん》・隠蔽・破棄をめぐる「嘘」の問題である。

例えば、二〇一七年に発覚した森友学園問題では、財務省が国有地払い下げの経緯を記した決済文書を国会に提出した際に、安倍首相（当時）の発言に辻褄を合わせるために、財務省職員が安倍首相や昭恵夫人の関与が疑われかねない記述を削除していたことが明らかになった。のちに公文書改竄を強制されたことを苦として、近畿財務局の職員であった赤木俊夫さんが自殺したことも重い事実として残っている。

同じく二〇一七年に発覚した加計学園問題では、五二年間どの大学にも認められていなかった獣医学部の新設に際して、安倍首相の「長年の友」であった加計孝太郎理事長への便宜を図った疑いがもたれている。その後、愛媛県が国会に提出した文書には、安倍首相が加計氏から獣医学部構想を聞いて「いいね」と発言したことや、柳瀬唯夫首相秘書官（当時）と愛媛県職員が面会した際に「本件は首相案件」と発言した記録が残っているにもかかわらず、安倍首相はその関与を否定し続けた。菅義偉官房長官（当時）も、首相官邸への入邸記録が破棄されているために、首相と加計氏の面会は確認できなかったと答弁し続けた。

二〇一六年には南スーダンのPKOに派遣されていた自衛隊の日報の破棄・隠蔽が問題となっている。ジャーナリストの布施祐仁が自衛隊の日報について情報公開請求を行った際に、防衛省から日報は破棄したとの回答を受けた。しかし布施がそのことを不審に思い、調査を続けた結果、実際には日報は破棄されず隠蔽されていたことが明らかになり（布施・三浦 二〇一七）、最終的には稲田朋美防衛大臣（当時）が引責辞任するまでの事態に発展した。翌年には、小野寺五典防衛大臣（当時）が、前年の国会で不存在と答弁していた自衛隊イラク派遣時の陸上自衛隊の日報（のべ三七六日分、約一万四〇〇〇ページ）が見つかったことを認め、ここでも組織ぐるみの情報隠蔽が行われていたことが明らかになった。

こうして、欧米と日本では文脈や性質が異なるものの、どちらでも「嘘と政治」をめぐる問題が噴出し、これが「ポスト真実」時代か、と呻《うめ》きたくなるような状況が現れたのである。それは単に政治家が国民に対して嘘をついていた、というレベルの問題ではなく、為政者たちがもはや何が真実であり何が嘘であるかを気にもかけなくなってしまったかのように見えるという問題であり、さらに一般の人々のあいだでもそのような為政者の姿勢を支持する傾向が高まっている、という新次元の問題なのである。「政治における嘘」は長い歴史をもつ古典的な問題であるが、これら「現代の嘘つき」たちは、不都合な真実を隠して嘘をついているというよりも、まるで彼らの確信する「もうひとつの真実《オルタナティヴ・トゥルース》」を語っているかのように堂々としている。

これは一体なんなのだろうか。なぜこのような種類の「政治における嘘」が急速に広まり始めたのだろうか。

2　ポスト真実は新しい現象なのか？

とはいえ、こうした「ポスト真実」や「フェイクニュース」なる現象は、過去にも繰り返されてきたのではないかという指摘もある。例えば、メディア史研究を専門とする佐藤卓己は、こうした現象は「日本に限っても戦前戦中からいくらでも指摘できる」ものではないかと論じている。例えば、戦時中に日本政府が行ってきた大本営発表の数々はそれこそ「フェイクニュース」だったのではないかというのである（佐藤 二〇一九）。

たしかに政府が都合の悪い事実を隠蔽したり、偽の発表を行ったりすること自体は、昔から繰り返されてきたことであって、特段新しい現象ではない、という見方もできるだろう。わざわざ「ポスト真実」や「フェイクニュース」などの聞き馴染みのない外来語を用いずとも、それは単なる「嘘」なのだとシンプルに言い切ってしまえば済む話なのではないか？「デマ報道が戦前の新聞で猛威を振るっていたように、「ポスト真実」はデジタル時代に初登場したものではない」と冷静に見ておくべきではないのか？（佐藤 二〇一八）

しかし他方で、今日インターネット上で氾濫している「フェイクニュース」や「オルタナティヴ・ファクト」は、やはりかつての政府による虚偽報道とはどこか違った意味合いを持っている、という印象も否めない。何より問題なのは、権力者（政治家）たちが、自分たちの行った発言や発表が事実と異なると指摘されてもなお、「それがどうした、そんなことは大した問題ではない」と開き直った態度をとるようになったこと、そしてそのような態度がとられたのちにも、政権支持率が大して落ちなくなってしまったことである。

従来であれば、権力者は嘘を指摘されれば、しどろもどろになって、渋々その事実を認めざるを得ず、その直後に国民からの支持率は急落するというのがほとんどのケースであった。例えば、米国政府の虚偽が露呈した一九七一年のペンタゴン・ペーパーズ流出事件と一九七二年のウォーターゲート事件は当時の政権に大きな打撃を与え、最終的にニクソンは任期中の大統領辞任へと追い込まれることになり、ベトナム戦争からの米軍撤退にも繋がった。日本の政権においても、首相および閣僚の虚偽や失言、汚職はこれまで直ちに支持率の低下に繋がり、世論の厳しい批判に晒されるのが常であった（二〇〇六年から〇七年にかけての第一次安倍政権やそれに続く福田政権、麻生政権、民主党政権では、さまざまな虚偽答弁やスキャンダルの発覚がすぐさま支持率の低下や政権の失脚に繋がったことを想起されたい）。

しかし、トランプは大統領就任以後も虚偽を含む発言や差別的言動を繰り返したにもかかわらず、任期中の四年間、四割前後の支持率を維持し続けた（ただし、任期最終盤の二〇二一年一月にトランプ支持者による議会襲撃事件が起こったのちは、支持率が三割前後にまで急落した）。二〇一二年から二〇二〇年まで続いた第二次～四次安倍政権では、公文書の改竄・隠蔽や国会答弁におけるあからさまな事実の否認が堂々と行われたにもかかわらず、そのことが内閣支持率に大きなダメージを与えなくなった。こうした状況はやはり、「嘘と政治」をめぐる状況が何か決定的に変化したことを示していよう。

「ポスト真実」という言葉が初めて使われたのは、一九九二年にアメリカの劇作家スティーブ・テシックが「嘘の政府」という論考のなかで、イラン・コントラ事件と湾岸戦争に関してアメリカの公的機関が当時のブッシュ政権のつく嘘を従順に受け入れていることを批判した文脈においてであったとされている（Tesich 1992; Brahms 2020）。「自由な人民であるわれわれは、ポスト真実の世界に生きると自由に決めたのだ」とテシックは記した。次にこの語が再浮上したのは、二〇〇四年にラルフ・キーズが『ポスト真実の時代』（未邦訳）を著したときだった（Keyes 2004）。キーズによれば、現代社会ではかつてなく嘘が蔓延しており、多くの人々もそのことに気づきながら、それを批判することも少なくなってきている。レーガン政権からブッシュ政権、クリントン政権にかけて、あまりに多くの嘘が垂れ流されたために、社会全体が嘘に対して不感症になりつつあるという（大橋二〇一九）。

二〇〇五年には哲学者ハリー・G・フランクファートの小論『ブルシットな議論』（邦訳名『ウンコな議論』）が国際的な話題となった。二〇年以上前に書かれたこの小論が二〇〇五年になって急速な注目を集めたことが時代状況の変化を示していよう。

この小論の特徴は、嘘とブルシット議論を区別したところにある。ブルシット論者は「発言の真理値をまったく気にしていない」（フランクファート二〇〇六：四五頁）。せめて真実を語るふりをすらしないこと、そもそも嘘をつくのは良くないことだ、われわれは真実を語るべきだ、という態度をすらかなぐり捨てているように見えること、これが従来の嘘と区別される「ブルシットな議論」の特徴である。「嘘をつく人物と真実を語る人物とは、同じゲームのなかで反対の立場を演じている。それぞれは自分が理解した事実に反応するが、片方の反応は真実の権威に導かれており、他方の反応はその権威を否定してその要求に応えることを拒絶する。ブルシット論者はそうした要求そのものを無視する」（フランクファート二〇〇六：

四九―五〇頁)。ジョゼフ・ヒースの紹介によれば、「ブルシット論者の特徴は、せめて真実を語るふりは保つ嘘つきとは違って、真実告知のゲームからあっさり降りてしまうことだ。ブルシット議論者は体裁をつくろおうともしない」(ヒース 二〇一四:七―八頁)。こうしたブルシット論者の特徴はそのまま今日のポスト真実主義者にも当てはまるものだ。

イギリスのジャーナリスト、マシュー・ダンコナーによれば、今日の「ポスト真実」において新しいのは、政治家の振る舞いではなく、むしろそれを支持する人々の振る舞いのほうである(d'Ancona 2017: p.26, p.59)。アメリカの世論調査によれば、トランプ支持者の多くはトランプの言動に多くの嘘が含まれていることを知りながらもなお、トランプを支持していたことが明らかになっている(d'Ancona 2017: p.29)。これは、彼/彼女らがトランプを支持するにあたって事実を犠牲にしても構わないと考えていたことを示している。[3]

社会学者のアーリー・ホックシールドは二〇一一年から二〇一六年にかけて、共和党やティーパーティを支持する右派の人々――おそらく二〇一六年にはその多くがトランプに投票したであろう人々――が多数派を占めるアメリカ南部のルイジアナ州で聞き取り調査を行っている。これらの人々はアメリカ国内で経済的にも社会的にも苦しい状況にあり、政府からの支援を必要としているはずなのに、なぜそれを拒もうとするのか。むしろ新自由主義に近い政策を支持し、排外主義的な方向へ向かってしまうのか。このパラドックスを解く鍵は、右派の人々が抱える「ディープストーリー」にある、というのがホックシールドのたどり着いた結論であった。ディープストーリーとは、「シンボルという言語を使って、感情が語るストーリー」のことであり、そこでは「良識にもとづく判断は取り除かれている。事実も省かれている。物事がどのように感じられるかのみが語られる」（ホックシールド 二〇一八：一九一頁）。つまり、理屈や損得を超えて感情を軸として捉えられる物語、それがディープストーリーであり、いまのアメリカ右派を突き動かしているものである。

ダンコナーもポスト真実の時代には理性の役割が後退し、それに代わって感情が果たす役割が前景化することを強調しているが（d'Ancona 2017: p.31）、これはまさに「客観的な事実よりも、むしろ感情や個人的信条へのアピールの方が影響力をもつ」というポスト真実の定義と合致する状況であろう。理性の政治から感情の政治へのシフトという構図も近年しばしば指摘されるところではあるが、政治家のみならず一般市民のあいだでも客観的な事実を軽視し、情動的な主張を優先する態度が広がってきていること、政治家が嘘をついていることを知りつつも「それは大したことじゃない」という冷笑的な態度を多くの市民がとるようになってきていること、政治家もそのような支持者の姿勢に上乗りして嘘をまじえた発言を繰りしながら悪びれない態度をとるようになってきていること、それを批判する主要メディアや知識人の言動が権威を失いつつあるように見えること、これらが今日の「ポスト真実」を特徴づける新たな特徴だと見ておくことができる。

3 〈世界〉のすれ違い

もうひとつ、今日のポスト真実問題を考えるうえで、リー・マッキンタイアの『ポストトゥルース』に記された印象的なエピソードを紹介しておきたい。トランプの代理人だったニュート・ギングリッチとCNNの記者アリサイン・キャメロタが交わした、アメリカの犯罪率をめぐる会話である（マッキンタイア 二〇二〇：一八―二〇頁）。

キャメロタ　：凶悪犯罪は減少しています。経済も上向きです。
ギングリッチ：大都市では減少していません。
キャメロタ　：凶悪犯罪と殺人発生率は低下しています。減っています。
ギングリッチ：ならば、シカゴやバルチモア、ワシントンで殺人発生率が増加しているのをどう思いますか？
キャメロタ　：確かに、いくつかの地域では、犯罪に対する取り組みがまだ本格的ではありません。
ギングリッチ：あなたの国の首都や、第三の大都市がそうなのですよ……。
キャメロタ　：しかし国全体を通しての凶悪犯罪は減少しています。
ギングリッチ：賭けてもいいですが、普通のアメリカ人なら、犯罪が減って、いっそう安全に生活できるようになったとは思わないでしょうね。
キャメロタ　：でも実際にそうじゃないですか。わたしたちは以前よりも安全に暮らせるようになったし、犯罪も減っています。
ギングリッチ：違いますね、それはあなたの考えに過ぎない。
キャメロタ　：これは事実です。国家機関ＦＢＩによって提出された事実です。
ギングリッチ：だが、わたしが言ったこともまた事実なのです……リベラルな人たちは、理論的には正しいとされる統計を用いるけれども、それは現実の人間の存在する世界の話ではない。最近よくそう言われますよね。
キャメロタ　：あなたが言っていることは……議長、ちょっと待ってください……リベラルがこうした数字を利用している、リベラルがこの種の数字のマジックを利用しているって言ってるんですか。この数字はＦＢＩによる統計です。ＦＢＩは民主党の機関ではなく、犯罪対策の機関です。
ギングリッチ：そう言いたいわけではありません。けれども、わたしが述べたことも同じように事実なのです。人々が以前にも増して脅威を感じているのですから。
キャメロタ　：感じている、そうなんでしょうね。そうしたことを感じている人々がいる、と。けれども、そうしたことを裏付ける事実はありません。
ギングリッチ：政治を志すものとして、わたしは人々が感じていることに寄り添いたい。

あなたは理論家たちと一緒にいればいい。

ここで二人の会話は全く噛み合っていない。そもそも両者の認識している「事実」が決定的に異なっているからである。リベラル派のキャメロタは客観的な統計に基づく数字を挙げて、全米の犯罪率が減少していることを説得しようとしている。他方でトランプ陣営のギングリッチは、たとえ統計の数字がどうあろうとも、「普通のアメリカ人」であれば、現在全米の犯罪率が減少しているなどと信じるはずがない、と断定している。特にギングリッチの以下の発言は印象的である。「だが、わたしが言ったこともまた事実なのです（…）リベラルな人たちは、理論的には正しいとされる統計を用いるけれども、それは現実の人間の存在する世界の話ではない」。これこそが、トランプ陣営が主張する「オルタナティヴ・ファクト（もう一つの事実）」の正体であろう。

リベラル派の人々は「客観的」とされる事実を持ち出してくるけれども、その事実なるものがとても事実とは思えない、自分たちの実感からは遠くかけ離れている、というのが近年の保守派（あるいはポスト真実派と呼ぶべきだろうか）の人々の主張するところである。それよりも、自分たちが感じている現実のほうがリアル（本物）なのだと彼らは主張する。その結果として、リベラル派が認識する「事実」と保守派が認識する「実感」との間に埋めがたいギャップが生じてしまい、まるで両者が別々の世界に生きているように感じられる状況が出来てしまう。こうなると、この二派のあいだでまともな議論を交わすことはもはや不可能になる。

「ポスト真実」の最大の問題点は、政治家たちが事実を否認してデマを吹聴するという点だけにあるのではなく、そもそも人々のあいだで事実の認識がすれ違ってしまい、まともな議論が成り立たなくなるという点にある。こうした状況が進むと、それぞれの政治的立場によって世界の認識が決定的にずれてしまい、言葉によるコミュニケーションが成立しなくなってしまう。その結果として、互いに相手を「話が通じない頭のおかしい人たち」と見なすようになってしまい、双方のあいだに憎悪がためこまれていき、妥協点のない非難の応酬になってしまう。こうして政治的分断が深刻化し、人々の不満や怒りも鬱積していく。「ポスト真実」とともに「ポピュリズム」が世界中に波及した背景にあるのも、このような政治的分断の進行と対話・議論の無効化であったと考えられる。

4　アーレントの「政治における嘘」論を手がかりに

こうしたポスト真実の状況において、近年注目を集めているのが、ハンナ・アーレントの「政治における嘘」論である。一九七一年のペンタゴン・ペーパーズ流出事件をきっかけとして書かれた「政治における嘘」という論考や、自身のアイヒマン論争をひとつのきっかけにして書かれた「真理と嘘」という論考が、今日の「ポスト真実」問題を分析するにあたって多くの示唆を与えてくれるために、参照される機会が急速に増えているのである。

ハンナ・アーレント（一九〇六―一九七五）は、激動の二〇世紀を生きた政治思想家である。若き日にナチスの台頭に直面し、ベルリンからパリへ、パリからニューヨークへと一八年間に及ぶ亡命生活を送った末に、戦後はアメリカにとどまって積極的な執筆と思索の日々を送った。『全体主義の起源』や『人間の条件』、『革命について』、『エルサレムのアイヒマン』など、次々と話題作を発表し、独自の政治思想を築き上げていった。全体主義の分析から出発して、それに対抗するための複数性を重視した政治的活動を構想し、「悪の凡庸さ」という概念を生み出したことでも有名である。この二、三十年のあいだにアーレントの思想には様々な方面から注目が集まっているが、近年はさらに「政治における嘘」の問題に関して、彼女の議論が参照される機会が増えている。

例えば、ミチコ・カクタニの『真実の終わり』やマッキンタイアの『ポストトゥルース』などの著作でも、アーレントの嘘論がひとつの重要な参照項となっている。それ以外にもアーレント思想とポスト真実を関連づけて議論する論考を、アーレント研究の内外で見つけることができる（Monod 2017; Hyvönen 2018; Zerilli 2019; Sepczyńska 2019; Brahms 2020）。ジャック・デリダが一九九七年の講演のなかでアーレントの嘘論に着目しており、その講演録が二〇一二年にフランス語で出版され、二〇一七年に日本語訳（『嘘の歴史 序説』）が出版されたことも、アーレントの嘘論への関心を高める一因となっている（デリダ 二〇一七、牧野 二〇一八、三浦 二〇一八、和田 二〇一九）。

トランプ大統領の当選直後に、アーレントの『全体主義の起源』とジョージ・オーウェルの『一九八四年』が欧米で急速に売り上げを伸ばし、ベストセラーランキング入りしたというニュースもその傾向を後押ししている。アーレントの嘘論に並んで、オーウェルの『一九八四年』もポスト真実が論じられる際に必ずと言っていいほど参照される文献になっており、かつてSFとして描かれていたディストピア社会が二一世紀の政治状況とともに新たなリアリティを伴って読み直されるようになっている。ポスト真実の時代にアーレントとオーウェルの著作が改めて注目を集めていることは、現代に新たな全体主義が現われつつあるのではないかという危惧を抱く人が増えていることの証左でもあろう。

本書を執筆するきっかけとなった拙稿「アーレント「政治における嘘」論から考える公文書問題」（『現代思想』二〇一八年六月号）や朝日新聞での取材記事（朝日新聞「疑惑国会、うそが書き換える「現実」：市民覆う冷笑主義」二〇一八年七月二三日付）にもさまざまな方面からの反響があった（百木 二〇一八b・二〇一九b）。本論で詳しく論じるが、アーレントが提起していた伝統的な嘘と現代的な嘘の区別、事実の真理をめぐる考察、政治の領域と真理の領域の対比、全体主義のプロパガンダにおける嘘論や「イメージづくり」のための嘘に対する分析などのアイデアが、ポスト真実の時代に新たなアクチュアリティを伴って光を浴びるようになってきているのである。本書でも、こうしたアーレントの嘘論を活用しつつ、さらに彼女の全体主義論や活動論、共通世界論なども参照しながら、ポスト真実の政治についての考察していくことにしたい。

いくつか情報を付加しておけば、「政治における嘘」論文は、一九七一年に全米を揺るがしたペンタゴン・ペーパーズ流出事件の直後に書かれたものであった。ペンタゴン・ペーパーズは、当時の国務長官マクナマラが命じて作成させた最高機密文書であり、そこにはルーズベルト大統領の時代からケネディ政権、ジョンソン政権を経てニクソン政権に至るまで、歴代の米国政府がいかにしてベトナム政府への関与を深め、いわゆる「ドミノ理論」にもとづいてトンキン湾事件を捏造し、ベトナム戦争を開始させ、多大なる犠牲者を生み出してきたか、その経緯が克明に記されていた。『ニューヨーク・タイムズ』がこの国防省機密文書を入手し、スクープ発表したことによって、米国政府がベトナム戦争に関して多くの嘘と虚偽を重ねてきたことが明らかになり、世界中に衝撃を与えたのだった。アーレントはこの機密文書を読み解きながら、ベトナム戦争を推し進めるにあたって用いられた嘘が、「米国は地上最強の国である」という「イメージ」を維持するために編み出されたものであったと分析し、そのイメージと現実との乖離が甚大な被害を引き起こしたと論じている。

いっぽう一九六四年に発表された「真理と政治」論文は、アーレントがアイヒマン論争に巻き込まれたことを一つのきっかけとして書かれたものであった。一九六三年に発表された『エルサレムのアイヒマン』が当時国際的な論争を引き起こしたことはよく知られているが、アーレントはそこに多くの「思い違いや事実に反する認識」が含まれていることにうんざりしていた[4]。同年一〇月にアーレントは親友であったメアリー・マッカーシーに向けた手紙のなかで、様々な批判に対して個別に反論するつもりはないとしつつ、近々発表する「真理と政治」がそれらの批判に対する「暗黙の回答」になるだろうと書いている（Arendt / MacCarthy 1996: p.151; Ludz 2017: p.38）。この長く複雑な論文には、伝統的な嘘と現代的な嘘の対比、理性の真理と事実の真理の区別、政治と真理の抗争など、アーレントの嘘論の概念枠組みが出揃っており、七年後に書かれる「政治における嘘」論文はこれらの理論の応用版だと見なすこともできる。

これに加えて『全体主義の起源』（初版一九五一年）における嘘論、とりわけ第三部「全体主義」におけるプロパガンダ論で展開されている嘘論も多くの示唆を与えてくれる。そこでは、全体主義の指導者が当初から事実を無視する傾向を持っていたこと、全体主義運動がそのプロパガンダにおいて多くの嘘を織り交ぜてきたこと、それらの嘘がしばしば似非科学やレイシズムと結びつきながら大衆と知識人の両方を引きつけてきたこと、などが指摘されている。全体主義はそれらの嘘と結びついたイデオロギーをテロルを用いて現実化することによってその支配を強めていったのだった。全体主義支配のもとでの嘘に対する、アーレントのこれらの分析は、時代状況が大きく異なるにもかかわらず、今日のポスト真実問題を彷彿とさせるところがある。

さらにアーレントが亡くなる直前の一九七五年に行われた講演「身から出たさび」では、ペンタゴン・ペーパーズ流出事件に加えて、一九七二年に発覚したウォーターゲート事件にも言及し、これらの事件によって暴露された米国政府による嘘の数々がアメリカの共和政を危機に陥れるものであるとの警告がなされている。ウォーターゲート事件は「米国の政治的プロセスに犯罪性が侵入しようとしていることを象徴的に示し」ており、しかも「地上で最強の大国」を名乗る政府を乗っ取ることに成功したのは「詐欺師の一団」、あるいは「才能のないマフィアのような人々」だったのだ、とアーレントは辛辣に語っている(RJ: p.267, 四八〇頁)。そのうえで、ニクソンの犯罪と全体主義の犯罪にはいくつか類似したところがあり、それに注目する必要があるとの指摘がなされている。

かようにアーレントの「政治における嘘」論は、折に触れて彼女のテキストに浮かび上がってくるテーマのひとつであった。アーレント特有のユニークで鋭い分析はそこでも存分に発揮されており、その考察が今日のポスト真実時代に多くのヒントを与えてくれるのである。もちろん、全体主義支配における嘘と、アーレントが活躍していた当時のアメリカ政治における嘘と、今日のポスト真実時代における嘘とでは、それぞれの内容や文脈が異なるために、単純にこれらをまとめて同質的に論ずることはできないのだが、それでもなお、アーレントの嘘に対する分析は、ポスト真実問題を考えるうえで多くのヒントを与えてくれる。その思想的意義については本論でじっくり検討していくことにしたい。

5　本書の構成

以下、本書の構成を示しておく。

第1章では、日本の公文書改竄問題や統計不正問題を、アーレントの「伝統的な嘘」と「現代的な嘘」の区別を援用して考察する。それらの改竄や不正は、不都合な事実を隠蔽する「伝統的な嘘」であるというよりも、現実世界に代わる虚構の世界を創り出そうとする「現代的な嘘」としての性格を強く持っているという考察を示す。

第2章では、ポストモダン思想がポスト真実の生みの親になったという仮説を批判するところから出発して、アーレントの嘘論もまたある面においてはポスト真実的な側面をもっているのではないかという問いを検討していく。特にアーレントが「事実の真理」と呼ぶものについてどのように考えていたかを明らかにし、真理と政治の関係性を再考する。

第3章では、アーレントが「活動すること」と「嘘をつくこと」のあいだに親和性を認めていたことの意味を考察する。アーレントが「政治における嘘」を厳しく批判しつつも、

「活動」と「嘘」のあいだには深い結びつきがあり、「世界を変える」ためには嘘が必要とされると論じていたのはいかなる意味においてであったのかを検討する。

第4章では、ポスト真実の政治が言語機能の麻痺や破壊にも繋がっていることを問題とする。為政者が不誠実な言明を繰り返すことによって、言葉のやりとりが無意味化し、空転化する状況が生じている。このことが政治的分断を加速させ、アーレントが重視した「活動と言論」の実践や「複数性と公共性」の実現を困難にしている状況を描き出す
第5章では、インターネット（とりわけSNS）の普及によって、フェイクニュースが拡散されやすくなるだけでなく、エコーチェンバーやフィルターバブルなどの現象によって、政治の分断化（分極化）を加速させている状況があることを確認し、これをアーレントの言う「公共空間」や「共通世界」の喪失という観点から考察する。

第6章では、今日のポスト真実問題に対するひとつの歯止めとして、「公共物」の意義を再考する。公共空間やインフラ、公文書などを製作する「仕事」によって「共通世界」を再建することが、「政治における嘘」の増殖を防ぎ、「活動」を活性化させることに繋がるという道筋を示す。

本書の目的は、アーレントの政治思想――とりわけ彼女の「政治における嘘」論――を手がかりとして今日の「ポスト真実」問題を考えることにあるが、それと同時に、嘘というテーマからアーレント思想の新たな側面に光を当てることにもある。アーレントの思想とい

えば、『全体主義の起源』に代表される全体主義研究や、『人間の条件』に代表される政治的活動や公共性についての研究、『エルサレムのアイヒマン』で提起された「悪の凡庸さ」についての考察などが有名だが、本書では、『過去と未来の間』所収の「真理と政治」、『共和国の危機』所収の「政治における嘘」、『判断と責任』所収の「身から出たさび」など、ややマイナーな（しかし重要な）論考を手がかりとしながら、アーレントの嘘論を読み解いていく。『全体主義の起源』におけるプロパガンダ論や、『人間の条件』における共通世界論など、彼女の主要著作についても、従来の研究書とはやや異なった角度から読み直すことを試みる。そのような思想的探求が同時に、現代の込み入った政治問題を解くためのヒントをわれわれに与えてくれるはずだ。本書では、アーレントの「政治における嘘」論に対する研究を縦軸、現代のポスト真実問題に対する研究を横軸としながら、考察を進めていく。

用語についての断りを入れておく。英語の truth には「真実」と「真理」という二つの訳語があるが、本書では厳密な区別なく、文脈に応じてこの二つの訳語を併用している。基本的には、事実に関する truth（本当の事柄・正しい内容）を「真実」、哲学や科学に関する truth（客観的な法則や命題）を「真理」と訳した。post-truth の訳語については「ポスト・トゥルース」とカタカナで表記することも多いが、本書では「ポスト真実」という表記で統一した。ただし、他の文献からの引用などの際には「ポスト・トゥルース」という表記を用いた箇所もある。

また本書では真実／真理と嘘を対比させて用いているが、小山花子も指摘するように、一般的には、真実／真理（truth）の対概念は偽（false）や誤謬（fallacy）であり、嘘（lie）の対概念は本当（real）、実（actual）、誠（sincerity・honesty）などである（小山 二〇二〇：一一一頁）。truth が正しい事柄・内容・道理を指すのに対して、その反対語である false はそれが意図的であれ非意図的であれ、正しくない事柄・内容を指している。これに対して、嘘とは「故意に偽を述べること」であり、たとえその内容が結果的に間違いでなかったとしても、「真実に背く、真理を隠匿するという意図の存在が、少なくとも英語の嘘（lie）の語義では重要となる」（同頁）。本書でも基本的には、真実／真理を知りつつ、意図的にそれとは違う事柄（偽）を述べることを「嘘」と捉えている。

ただし厄介なのは、今日のポスト真実的状況においては、偽（非真実）を述べている者が真実を知ったうえで意図的にそれと違うことを述べているのか、あるいは本人は本気で真実だと信じ込んでいることを述べているのか、その区別がなかなかつきにくいということである。それは意図的な嘘なのか、非意図的な誤謬なのか、あるいは実はそちらのほうが真実なのか、判別しがたい状況が生じていることがわれわれに混乱をもたらしているのである。そしてこの点こそ、アーレントが政治における嘘論において問題としていたことでもあった。単純な真実の隠蔽とは異なる、真と偽のカテゴリーの撹乱こそが、ポスト真実の問題の核心であり、アーレントがすでに一九六〇年代にその兆候を掴みかけていた問題でもある。この点については、本論のなかで詳しく見ていくことにしたい。

本書の原稿の多くは二〇一八年から二〇二〇年にかけて書かれた。思想研究の書において、時事的な政治問題に多く言及することは難しい問題を含んでいる。政治状況は絶えず変化するものであり、近年の政権に対する評価も十分に定まっていない。判断を行うためにはその物事から適切な距離を取る必要があるとアーレントも述べているが、ポスト真実は現在進行形の問題であって、完全に客観的な判定を行うことは難しいところもある。だが、時局的な発言に恐れず踏み込み、それを鋭い思想的考察と結び続けたアーレントに倣って、本書も政治的判断に踏み込んだ考察に挑戦していきたい。

第1章
現実の書き換え

1　公文書問題と民主主義の危機

ここ数年われわれは、日本の公文書管理がいかに杜撰《ずさん》なものであるかを嫌というほど目の当たりにしてきた。

森友・加計学園問題に関する公文書の隠蔽と改竄《かいざん》、自衛隊ＰＫＯの日報隠蔽、数々の重要な会議の議事録が作成されていなかった問題、わずか六〇日で財務省の公用メールが自動消去されていた問題、首相の面会記録を官邸が作成しないと宣言した問題、などなど。ときの権力者の意向を「忖度」して、官僚が公文書を隠蔽・改竄するなどということはあってはならないことだし、海外のＰＫＯ派遣先で自衛隊が戦闘に巻き込まれていた状況を記した日報が隠蔽されていたというのもシビリアンコントロールのうえで大問題である。また福島第一原発事故後に設置された「原子力災害対策本部」の議事録が作成されていなかった問題、ＴＰＰ交渉に関する公文書がほとんど公開されていない問題など、わが国の公文書管理をめぐる問題は後を絶たない。

瀬畑源が詳細に論じているように、日本では二〇〇九年に公文書管理法が制定されたもの

[1]の、政治家や官僚のあいだに公文書を正しく管理・保存せねばならないという意識がまだまだ足りておらず、その法の網をかいくぐるテクニックのみが発達を遂げている[2]（瀬畑 二〇一八）。官僚のあいだでは「作らず、残さず、渡さず」という三原則が流通し、わざと分かりにくいファイル名で文書を保存したり、公文書に指定されないよう「私的メモ」を作成したり、そもそも議事録を全く作成しないなどの手口が横行しているとのことである。

公文書管理法の制定によって、かえってわが国の公文書管理の杜撰さがいっそう明らかになってきたとも言えるだろう。瀬畑が述べるように、政治家・官僚のみならず、日本人全体が公文書管理の重要性とその意義を正しく理解し、その精神を身に染み込ませない限り、そして国民がそのことを行政に対してしつこく要求していかない限り、この状況は今後も改まらないであろう。われわれは、ここ数年相次いだ公文書問題を奇貨として、この国の公文書管理を前進させ、徹底させていかねばならない。

マックス・ウェーバーが『支配の社会学』で記しているように、官僚は機密を好み、できる限り公文書からのフリーハンドを獲得しようとする性質を持つものである。「すべての官僚制は、職業的消息通のもつこのような優位を、彼らの知識や意図を秘密にするという手段によって、いっそう高めようとするものである。官僚制的行政は、その傾向からいえば、常に、公開性を排斥する行政である。官僚は、できさえすれば、彼らの知識や行動を、批判の目から隠蔽しようとする」（ウェーバー 一九六〇：一二二頁）。

しかし同時に官僚の仕事は、法律や公文書に依拠するかたちでしか本来進められないものでもある。できるだけ恣意的な解釈をはさまず、ルールに従って合理的な行政運営をおこなうことが官僚に与えられた使命だからである。「近代的な職務執行は、原本または草案の形で保管される書類（文書）と、各種の下僚や書記のスタッフとに依拠している」（ウェーバー 一九六〇：六一頁）。こうして官僚は、文書に基づいてしか仕事ができず、文書に忠実でなければならない一方で、隙あらば、重要文書（機密）を隠蔽し、公開性を排斥しようとするという矛盾した性格をもっている。

大竹弘二が『公開性の根源』のなかで緻密に論じているように、近代政治は「公開性の原則」のもとで成立したのであるが、それと同時に「秘密（機密）」の領域も誕生する。それが「主権」と対比される「統治」の領域である。本来は、「主権」（立法）の意志を忠実に執行するのが「統治」（行政）の役割であるはずなのだが、「統治は本質的に、法や主権から分離していく可能性を孕んで」おり、「それによって開かれるのは、君主を取り巻く大臣の、法律を執行する官僚や警察の、神の意思を伝達する天使の世界である」（大竹 二〇一八：四九頁）。近年、民主主義への懐疑が世界的に広まりつつあるなかで、統治から民主主義の「重荷」を軽減しようとする風潮とともに、近代初期の政治的著作家たちによって「機密《アルカナ》」と呼ばれた権力空間が再び現れてきているのではないか、というのが大竹の問題提起である。この点について詳細は大竹の著書をあたってもらうほかないが、「秘密／機密」が近代政治を貫く問題系であり、近年、民主主義への懐疑とともに、その権力空間が再拡大しつつあるという指摘は、まさに昨今の公文書をめぐる諸問題と符合するように思われる。[3]

公文書管理と情報公開が民主主義の根本にあるとはしばしば言われることである。国民が公文書を通じて権力をチェック（監視）できる仕組みができていない限り、民主主義は健全に機能しない。それがなければ、その時々の政治家または官僚の恣意が政策決定に入り込んでしまい、国民がそれを後からチェックすることができなくなってしまう。これは権力の肥大化を招き、国民の意志を損なうことに繋がるだろう。現代の民主主義が膨大な官僚行政に支えられているゆえに、公文書管理の形骸化はそのまま民主主義の形骸化に結びつく。そうであるとすれば、昨今の公文書問題は、政権の腐敗のみならず、わが国の民主主義そのものの腐敗をも示唆していることになろう。

2　統計不正と近代国家の放棄

加えて、日本の行政を支える統計資料にも多くの誤りがあることが明らかになってきた。その発端となったのは、厚生労働省が作成している「毎月勤労統計調査」における統計不正の発覚である。この統計は賃金や労働時間に関するもので、その調査結果はＧＤＰ（国内総生産）の算出にも用いられるなど、基幹統計の一つとして位置づけられている。この統計調査において、本来は東京都の常用労働者数五〇〇人以上の事業者を全て調査すべきところを、二〇〇四年からサンプル調査で手抜きがされ、補正作業も行っていなかったことが明らかになった。しかも二〇一八年から統計方法を一部変更したために、一八年以降の賃金統計が過大に上昇してしまう結果となり、問題の発覚へと繋がった。アベノミクスの成果として喧伝されてきた賃金所得の上昇が、実際には統計不正の結果に過ぎなかったことが明るみに出され、大きな問題となった。[4]

この問題を受けて、全政府統計を点検した結果、「基幹統計」（五六統計）のうち二四統計、「一般統計」（二三二統計）のうち一五四統計で不適切な対応があったとの報告がなされた。あわせて政府の二八八統計のうち六割強の一七八統計に誤りがあったことが明らかとなり、全国に衝撃を与えた。これまで多くの政策立案や研究調査がこれらの統計データをもとにしてなされてきたはずである。それらの土台となる統計データの半分以上に誤りがあったとなれば、被害は計り知れない。高度経済成長期の日本には「官僚一流、経済人二流、政治家三流」といった言い方もあったそうだが、そうした表現ももはや当てはまらないことが明らかになった。もはや日本はあらゆる面において三流国なのではないか？

また二〇一八年八月には、国の機関の八割が障害者雇用数を水増しして報告し、計三四六〇人分が国のガイドラインに反して不正に算入されていたことも発覚した。水増しは内閣府や総務省、国土交通省、法務省、財務省、外務省、気象庁、公正取引委員会など二七の中央省庁で行われていた。障害者雇用推進の旗振り役である国の機関自らが数値を偽っていたことが明らかになり、制度の信頼が大きく揺らぐとともに、中央省庁（が公表する資料）への信頼も失墜した。

さらに近年のGDP統計にも疑念が指摘されている。この点は明石順平『アベノミクスによろしく』（二〇一七年）および『国家の統計破壊』（二〇一九年）に詳しい。内閣府は二〇一六年一二月にGDPの算出方法を変更し、それに伴って一九九四年以降のGDPをすべて改訂して公表した。その主目的は、算出において準拠する国際基準を最新の「2008SNA」に変更して、研究開発費などを新たにGDP統計に加えることであったが、その際、「その他」の項目に不明なかさ上げがなされているという。明石によれば、そのかさ上げ数値は、二〇一三年度で四兆円、二〇一四年度で五・三兆円、二〇一五年度で七・五兆円にものぼる。この指摘に対して内閣府は今のところ、「その他」項目の内実を明らかにしておらず、不当にGDPの数値がかさ上げされている疑惑がある。[5] 近年の内閣府のGDP統計数値が信頼できないために、日本銀行が独自にGDPを算出する動きを見せているとも伝えられている。

こうした公文書や統計資料は、われわれが「事実」を認識する材料となるものである。多くの政府関係者、官僚、研究者などが、それを用いて政策を立案したり、この国の状況を分析したりする。にもかかわらず、その「事実」となる根拠が不正確なものであるとなると、われわれの社会への認識じたいがその足場を失ってしまう。まさに社会の「底が抜けてしまう」のである。何が事実であり、何が事実ではないのか、その判別がまともにできなくなってしまい、さまざまな不信だけが募っていくこととなる。

かつてミシェル・フーコーが喝破したように、近代国家の成立は統計学の成立とともに始まるのであり、その逆もまた然りである。「各国家は自国についてもその他の国家についても、人口・軍・天然資源・生産・通商・通貨流通がどうなっているのかを知る必要がある——このような要素はすべて、統計学というこの学(というか、この認識の領域)によって実際にもたらされたものであって、統計学はこのとき開かれ、基礎づけられ、発展するのです」(フーコー 二〇〇七：三九一頁)。人口や国内生産高や天然資源量など、国家に関する基本情報を把握し、それを統計的に管理するところから近代の「内政《ポリス》」は出発しており、その延長線上に「生権力」が生まれてくる、というのがフーコーの見立てであった。[6]

その反対に、国家行政を支える統計資料が不正確なものであるならば、その国の統治じたいが危ういものとなり、それはもはや近代国家の体をなさなくなるだろう。「内政と統計学は互いに互いを条件とする」(フーコー 二〇〇七：三九二頁)のだから。ときの権力者が統計資料を不当に操作するならば、短期的には成果をあげているように見せかけることができても、長期的にはどこかで必ずしっぺ返しを食らうことになるだろう。そのことをわれわれはかつての戦争の惨劇から嫌というほど学んだはずである。それにもかかわらず、近年の日本政府はもはや近代国家としての建て前すら放棄し始めているかのように見える。

3　世界を破壊する嘘

ところでこうした公文書改竄問題や統計不正問題は、政治思想の分野においては「政治における嘘」の系譜に位置するものでもある。プラトンの「高貴な嘘」論以来[7]政治に「嘘」が付きものであるという問題は、延々と論じられ続けてきたものであった。ジャック・デリダが一九九七年に行った講演（邦訳『嘘の歴史 序説』）においてもこの問題が論じられているが、そのなかでデリダが注目していたのがアーレントの嘘論である。近年、何かと注目されることの多いアーレントであるが、彼女の政治における嘘論もまた、今日の政治問題と妙に符合するところがある。

まずアーレントは、政治は伝統的に「嘘」と密接に結びついてきたことを認めて、「誠実さが政治的な徳と見なされたためしはないが、嘘はつねづね政治的な駆け引きにおいて正当化できる道具と見なされてきた」と述べている（CR: p.4, 三頁）。それゆえ、アーレントは「政治における嘘」がそれ自体で悪であるとは考えない。政治には一定の「嘘」や「機密」

が付きものであり、完全にクリーンで「誠実」な政治などというものはありえない、という見解をとっている。

ただし、アーレントが警鐘を鳴らすのは、現代的な「政治における嘘」には伝統的な「政治における嘘」にはなかった危険な側面がある、という点である。すなわち、「伝統的な嘘と現代の嘘との違いは、隠蔽することと破壊することの違いにほぼ等しい」(BPF: p.248, 三四四頁)。どういうことか。伝統的な嘘は、為政者が真実を隠蔽するというかたちで行われるものであって、その嘘は「敵に向けられており、敵のみを欺こうと意図していた」。それに対して、現代的な嘘の特徴は、それが敵に向けられるのではなくて、自国民および自分自身に向けられるという点にある。だからその嘘は、敵よりも嘘をつくもの自身を騙すものでなければならず、自分たち自身を騙すことに成功すればするほど、その嘘は効果を発揮することになる。「言いかえると、嘘を語るものが成功すればするほど、それだけ彼は自分自身の作り話の犠牲になるように思われる。(…) 自らも欺かれている場合にのみ、**真実に似た**ものが作り出されるのである」(BPF: pp.249-250, 三四六頁、強調引用者)。

比喩を用いて言えば、伝統的な嘘は「いわば事実性という織地に穴を開ける」ようなものであるのに対して、現代的な嘘は「事実の織物全体の完全な編み直し」とでも言うべきものである (BPF: p.248, 三四四頁)。伝統的な嘘が真実を隠蔽するのに対して、現代的な嘘は真実というカテゴリーそのものを破壊し、それを通じてわれわれの「世界」それ自体を破壊しようとする。現実《リアル》の世界を否定し、それに代わる虚構《フィクション》、あるいは「別のリアリティ」を作り出し、そのイメージのうちに住まおうとするところに現代的な「嘘つき」の特徴がある。「外敵に向けられた嘘と異なって、自国民に向けられたイメージは、すべての人にとって、とりわけそのイメージを制作した人たち自身にとって一つのリアリティになりうる」(BPF: p.250, 三四七―三四八頁)。そして、「以前の時代には知られていなかったような、すべてにわたり取り返しのつかなくなる可能性こそ、現代の事実操作から生じてくる危険である」(BPF: p.250, 三四七頁)。

今日の公文書・統計問題に立ち戻って言えば、政治家や官僚が自分たちに不都合な事実(文書)を隠蔽しようとしているのであれば、それは「伝統的な嘘」の範疇である。他方で、もし政治家や官僚たちが、彼/彼女らの理想とする政治的イメージを実現するために、新たな「事実(文書・統計)」を捏造し、理想にあわせて現実のほうをねじ曲げようとしているのであれば、それは「現代的な嘘」とアーレントが呼ぶものに当たるだろう。そして近年の政権で次々と生じている公文書・統計問題は、前者だけでなく後者の嘘をも含み始めているのではないか。例えば、首相の国会発言にあわせて官僚が公式文書を後から改竄したり、経済政策の効果を証明するために統計数値を改竄したりする事態は、すでに「伝統的な嘘」ではなく「現代的な嘘」の領域に足を踏み入れていると言って良いだろう。

これは恐るべき事態である。公文書とは本来、われわれの政治をめぐる事実が記録された文書であるはずなのだが、その内容がときの権力者の意向にあわせて、無理やりに書き換えられているとすれば、われわれの生きる世界の事実じたいがねじ曲げられてしまうことになるからである。こうした状況は、もはやジョージ・オーウェルの『一九八四年』に出てくる「真理省」をわれわれに想起させるものであろう。『一九八四年』の世界では、真理省がその時々の状況にあわせて過去と現実を絶えず書き換えていく。そのような世界では、現実に起きていることが事実として書き留められるのではなく、むしろ記録に書き留められたことが事実となり、その記録にあわせて現実のほうが書き換えられるのである。

党は、オセアニアは過去一度としてユーラシアと同盟を結んでいないと言っている。しかし彼、ウィンストン・スミスは知っている。オセアニアはわずか四年前にはユーラシアと同盟関係にあったのだ。だが、その知識はどこに存在するというのか。彼の意識のなかにだけ存在するのであって、それもじきに抹消されてしまうに違いない。そして他の誰もが党の押し付ける嘘を受け入れることになれば——すべての記録が同じ作り話を知ることになれば——すべての嘘は歴史へ移行し、真実になってしまう。（オーウェル 二〇〇九：五六頁、強調引用者）

一九四八年に書かれたこのディストピア小説を笑い飛ばすことができないような状況に、

われわれの社会は陥りつつあるのではないか。それは日本のみならず、ドナルド・トランプが大統領に就任した米国や、国民投票によってEU離脱が決まった英国などにも当てはまる状況であろう。トランプや英国独立党が、自らの目的を達成するために、何の根拠もない「嘘」を堂々と演説に織り込んで、人々を煽動する姿をわれわれは目にしてきた。例えば、トランプが就任式を終えて「過去最大の人々が集まった」という嘘を堂々と発表したこと(上空からの写真を見れば、オバマ大統領の就任式よりも参加者が少なかったのは誰の目にも明らかなのに!)は、世界中の人々を呆れさせると同時に、われわれがいまやポスト真実の時代に突入したことを強く実感させるものであった。

「事実」がもはや「事実」として通用せず、逆に権力者から「フェイクニュース」として批判されてしまうような時代をわれわれは生きている。そこでは、われわれがこれまで共有してきた「常識＝共通感覚(common sense)」が破壊され、われわれの共有する「世界」が破壊されていくことになる。彼らにとっては、現実の世界よりも彼らの作り上げた嘘の世界のほうが「リアル」であり、逆に現実の世界のほうが「非リアル」に感じられているのだ。だからこそ、不都合な事実が記された文書を改竄・廃棄してでも、現実を彼らの理想に近づけようとするのである。

4 「イメージづくり」のための嘘

序章にも述べたように、アーレントが一九七一年一一月に「政治における嘘」という論考を発表したのは、同年六月に起きたペンタゴン・ペーパーズ流出事件を受けてのことであった。その経緯について、小山花子の的確なまとめを借りれば以下のようになる。「当時も大いに話題を呼び、世界を驚愕させた、アメリカのベトナム戦争介入に関する政策決定を追ったこの内部文書のなかに、アーレントは「あらゆる類の嘘の陳述、欺瞞、故意の虚偽」を見出した。トンキン湾事件のでっちあげ（偽造）工作に始まり、なし崩し的な介入の拡大と軍事作戦の強化、「ドミノ理論」――一国が共産主義化すると隣接する国々も共産主義化するという説――を論拠とする殺戮の嵐まで、ベトナム戦争を特徴づけたのは、事実ならざるものが、事実、真理であるかのようにして奉じられ、実行に移されるという悪夢であった」（小山 二〇二〇：一一五頁）。

流出したペンタゴン・ペーパーズが提起した根本的な問題は「欺瞞 deception」であった点で今日大部分の読者の意見は一致している、とアーレントは書いている（CR: p.3, 二頁）。ベトナム戦争に対する政府と国民のあいだの「信頼性のギャップ」が、この流出事件によって、誰の目にも明らかな深淵としてその姿を現わすことになったのであり、「あらゆる種類の嘘の声明」の流砂がわれわれを呑み込もうとしている。「政府の首脳レベルがのめり込んでいた政治的な不誠実さの程度はあまりに度を越したもの」であり、「武官と文官とを問わず、政府業務のあらゆる位階で嘘が増殖するのを許していた」(CR: p.4, 二頁)という事実に読者は圧倒されるであろう、と。

そのうえで彼女はこうした嘘と欺瞞が、米国政府の「イメージづくり Image-making」のために編み出されたものであったと分析している。すなわち、米国が「世界の最強国」であり、「全世界のリーダーシップをとる地位」にあること、共産主義の脅威に立ち向かう自由主義国のトップであること、等々の「イメージ」を守り抜くために、数々の虚偽が重ねられてきたのだと。「肝心なことは、彼らが自国のために嘘をついていたというよりもむしろ(…)自国の「イメージ」のために嘘をついていたという点であ」り(CR: p.11, 一〇―一一頁)、イメージそれ自体が目的化してしまったところに現代アメリカ政治の大きな特徴がある。かように「イメージづくり」を世界政策に据えるのは「世界に記録されている人間の愚行の巨大な兵器庫のなかでも確かに新しいものである」(CR: p.18, 一六頁)。

アーレントは、こうした「イメージづくり」のための「現代的な嘘」が、広告業界やマーケティング業界の手法を真似たものであると同時に、「プロフェッショナルな問題解決家」を自称する人々によって、戦略的かつ理論的に生み出されたものであったことに注意を促している。この専門家たちは、ゲーム理論やシステム分析の知識を応用することによって、「外交におけるあらゆる問題を解決することができる」と自惚れていた。「彼らはたんに有能であるばかりでなく、自分が「合理的」であることを誇りとしていたが、実際彼らはいささか恐ろしくなるほど「感傷」のかけらもなく、「理論」すなわちひたすら頭脳の努力だけの世界を愛していた」（CR: p.11, 一〇頁）。

これらの「問題解決家」たちは、現実から乖離した「理論《セオリー》」を偏愛し、その「理論」を現実の世界に無理やりに当てはめて実現しようとした結果として、数多くの悲劇をもたらした。「ペンタゴン・ペーパーズを辛抱して最後まで読む読者をとらえて離さないのは、このリアリティからの乖離である」（CR: p.20, 一九頁）。彼らの掲げる「理論」および「イメージ」と現実世界との距離はますます開いていき、同時に政府と一般市民との「信頼性のギャップ」が広がっていく。自分たちの理論と計算能力に過剰な自信を抱く「問題解決家」たちが陥った罠がこれであった。しかし、こうしたイメージの平均寿命は比較的短く、「いざという時になってリアリティが再び公然と姿を現わすときにその欺瞞を暴かれることになる」だろう（BPF: p.251, 三四九頁）。

この「恐るべき破壊的な戦争の究極目的」は「権力でも利益でもなく」、頭でっかちな「理論」にとらわれた「イメージそのもの」（RJ: p.263, 四七五頁）を実現することにあった。そのような「イメージ」のために甚大なる被害と無数の悲劇がもたらされたのであり（ベトナム戦争における累計死者数は一〇〇万人以上と推定されている)、「問題解決家」たちはそのことに対して何らの痛みも感じていなかった。全体主義のもとではイデオロギーをテロルによって実現していく恐怖政治が行われたのに対して、現代のアメリカ政治ではイメージをテロルによって実現するグロテスクな政治が断行されてきたのだ、とアーレントは見ていた(RJ: pp.264-265, 四七七頁)。為政者が抱く「イメージ」――妄想的な理想――と、その取り巻きたちが考案する「理論」を実現するために、多くの犠牲が払われる。そのような「現代の嘘つきたち」は、遠からず現実によってしっぺ返しを食うであろうが、それまでのあいだにどれだけの被害者が出るか、どれほど政治が腐敗するか、といった事柄はほとんど考慮されないのである。

こうして現実と乖離した「イメージ」および「理論《セオリー》」を追求し、それを実現するためには現実世界のほうをねじ曲げても構わず、嘘をついてもやむをえない、と考えた点に、ベトナム戦争を推し進めた政府関係者の最大の問題点があり、そこに「現代的な嘘」の大きな特徴が表れているとアーレントは見ていたのであった。

5　首尾一貫した虚構

さらにアーレントは、「イメージづくり」のための「現代的な嘘」が引き起こす事態を次のように分析している。

その後起こることは、ほとんど自動的に生ずる。欺かれる集団と欺く者自身の双方とも、プロパガンダのイメージに手をつけないでおこうと骨折る。このイメージを脅かすのは敵や現実に敵対する利害というよりも、むしろ、欺かれる集団の内部に属しながらも、何とかそのイメージの呪文を逃れて、イメージに適合しない事実や出来事について是非とも語ろうとする人々である。現代史は、事実の真理を語る者のほうが実際の敵対者よりも危険であり、さらにいっそう敵対的ですらあると受けとめられた事例に満ちている。(BPF: p.251, 三四八頁)

これはまさに昨今のネット右翼や歴史修正主義者を想起させる文章ではないか。彼らは自分たちに都合の悪い事実を隠蔽するどころではない。根も葉もない「事実」をでっち上げ、それを「マスコミが報道しない真実」として居丈高に喧伝する。例えば日本のネット右翼たちは、自分たちと異なる意見・報道はすべて「反日的」なもの、あるいは「自虐史観」として口汚く攻撃する。彼らにとっては、中国や韓国などの「敵国」よりも、自分たちのイメージを破壊しようとする自国民こそが最も許せない存在である（その象徴が「朝日新聞」や「民主党」であろう）[8]。彼らは自分たちの世界に閉じこもって、そのイメージを乱そうとする者には徹底的な攻撃を加える。彼らはまるでわれわれとは異なる世界に生きているようであり、われわれの生きる世界を憎悪《ヘイト》し、破壊しようとしているかのようである。

このようにして「徹底的に嘘を語ることは、比喩的にいえば、われわれの足元から地面を取り去っておきながら、われわれが立つことのできる別の地面を提供しない」（BPF: p.253, 三五一頁）ようなものだとアーレントは言う。そして、「われわれの方向感覚やリアリティの感覚にとってその支えとなる何もかもが揺れ動く経験は、全体主義の支配下の人間に最も一般的で最も生々しい経験の一つである」（BPF: p.253, 三五二頁）。つまり、ネット右翼や歴史修正主義者のように、現実の世界を否定し、それとは異なる偽のリアリティを持ち出してきて、そのうちに閉じこもる現象は、間違いなく全体主義の兆候である、ということになるだろう。

『全体主義の起源』のなかでアーレントは、「全体主義的な大衆支配が真実などというものの存在をまったく信じておらず」（EUtH: S.744, Ⅲ八五頁）、またその支持者たちも「現実から想像へと逃避する」（EUtH: S.746, Ⅲ八七頁）態度をもっていたと指摘している。それに関連してさらに次のように述べている点も重要である。

> 大衆は目に見える世界の現実を信ぜず、自分たちのコントロール可能な経験を頼りとせず、自分の五感を信用していない。それゆえに、彼らにはある種の想像力が発達していて、いかにも宇宙的な意味と首尾一貫性を持つように見えるものなら何にでも動かされる。事実というものは大衆を説得する力を失ってしまったから、偽りの事実ですら彼らには何の印象も与えない。大衆を動かしうるのは、彼らを包み込んでくれると約束する、勝手にこしらえあげた統一的体系の首尾一貫性だけである。（EUtH: S.745, Ⅲ八六頁、強調引用者）

アーレントが言うところの「大衆」は、複雑性や偶然性をはらむ現実よりも、首尾一貫した虚構を愛する。言いかえれば、アトム化した大衆は、現実の複雑性や偶然性、流動性に耐えられず、その代わりに首尾一貫した虚構を欲するのである。それは現代の大衆が現実の世界に対する信頼を喪失し、「故郷喪失」および「世界疎外」の状態に陥っていることを意味している。その状態に耐えきれない大衆が、首尾一貫した虚構（イデオロギー）を求めて、全体主義的世界へと逃避するのである。

大衆がひたすら現実を逃れ、矛盾のない虚構の世界を憑かれたように求めるのは、無政府《アナーキー》な偶然が壊滅的な破局の形で支配するようになったこの世界にいたたまれなくなった彼らの故郷喪失のゆえである。（…）現実から完全に切り離された被告にとっては、でっちあげの筋書きそれ自体のもつ内的論理、その首尾一貫性以外にはもはや何ものも現実とは思えなくなってしまう。（EUtH: S.746-747, Ⅲ八八—八九頁）。

実際、ネット右翼や歴史修正主義者の語る世界観は、驚くほど「首尾一貫」している。彼らにとって不都合な事実はすべて消去され、都合の良い事実が次々と捏造される。日本の評判を下げる事柄はすべて反日分子あるいは中国や韓国による捏造であり、マスコミは真実を隠している！と彼らは主張する。その驚くほど平板で薄っぺらな世界観は、現実の複雑性・偶然性・流動性に耐えきれなくなった人々が作り上げた「嘘」の世界なのだ。

本来ならば、そのような嘘を否定する証拠が出てくれば、それが嘘であることを誰もが認め、嘘をついた者は尻尾を巻いて退散するはずであった。しかしそのような証拠を突きつけられても、全く動じず、恥じ入ることもない。むしろそうした証拠を突きつけてきたものを「フェイク」として批判し返してくるという、その厚顔無恥な態度こそが現代の嘘を特徴づけるものである。

昨今の公文書問題を、単なる「不都合な事実の隠蔽」（＝伝統的な嘘）の問題として批判するだけで終わってはならないのは、それが以上のような「事実それ自体の破壊」（＝現代的な嘘）の次元にまで踏み込み、われわれの社会を全体主義的状況へと接近させているからに他ならない。「テロルによってイデオロギーを実現する」という全体主義社会の状況に、われわれはあともう一歩というところまで来てしまっているのではないか。その兆候をまさに、われわれは公文書と統計資料の「破壊」という事態に見てとることができるだろう。

6 〈真実への信〉の崩壊

さらに『全体主義の起源』のなかで、アーレントは次のように書いている。

全体主義支配にとって理想的な被統治者は、筋金入りのナチス信者でも筋金入りの共産主義者でもなく、事実《ファクト》と虚構《フィクション》の区別（つまり経験の現実性）も真と偽の区別（つまり思考の基準）も、もはや存在しないような人々なのだ。（OT: p.474, Ⅲ三四五頁）

全体主義が理想的な支持者とするのは、熱狂的な信者よりもむしろ、事実と虚構、真と偽の区別を捨て去ってしまった人々（大衆）であるとアーレントは言う。このような人々は、「すべてを信ずると同時に何も信じず、あらゆることが可能であると同時にあらゆることが不可能であると考える」（OT: p.382, Ⅲ一三八頁）。つまり、「何も信じない」がゆえに「すべてを信ずる」ことができる。アーレントはこれを「軽信とシニシズムの同居」と呼び表している。[9]

今日、ポスト真実的状況に巻き込まれているのは、単に騙されて嘘を信じている人々というよりも、むしろ事実と虚構の区別じたいを捨て去り、〈真実への信〉を捨て去った人々である。だからこそ、彼／彼女らに「あなたは騙されている」「あなたは嘘をついている」と言っても、一向に効果がないのである。ファクトチェックが彼／彼女らに有効なダメージを与えないのもそのためである。

そしてこのように事実と虚構の区別が取り除かれ、〈真実への信〉が捨て去られた状態こそ、全体主義体制が望むものに他ならない。そうした状況においてこそ、全体主義体制は自らに都合の良いプロパガンダ（あるいはフェイクニュース）を好きなだけ垂れ流すことができるからである。このことは同時に、全体主義の支配者たちもまた「事実」を重視していないこと、〈真実への信〉を有していないことを意味している。「大衆指導者が現実を彼らの嘘に合致するように変えてしまう権力を握る前から、すでに彼らのプロパガンダは事実そのものに対する注目すべき蔑視を特徴としていた。この事実無視にすでに示されているのは、事実などというものはそれを作り出す権力次第だという確信である」(EUtH: S.742, Ⅲ八三―八四頁、強調引用者)。

ここでも再び、オーウェル『一九八四年』の世界観が想起される。この小説の世界では、人々は「二重思考」と呼ばれる思考法を強要されている。そのときどきの政府の命令に応じて、すぐさま思考を切り替え、昨日まではAが真実だとされていたことを、今日にはBが真実であってAはでっち上げの嘘だと自分の脳に信じ込ませられるようにすること、これが「二重思考」である。その思考様式をオーウェルは次のように説明している。

知っていて、かつ知らないでいること――入念に組み立てられた嘘を告げながら、どこまでも真実であると認めること――打ち消しあう二つの意見を同時に奉じ、その二つが矛盾することを知りながら、両方とも正しいと信ずること――論理に反する論理を用いること――道徳性を否認する一方で、自分には道徳性があると主張すること――民主主義は存在し得ないと信じつつ、党は民主主義の守護者であると信ずること――忘れなければいけないことは何であれ忘れ、そのうえで必要になればそれを記憶に引き戻し、そしてまた直ちにそれを忘れること、とりわけこの忘却・想起・忘却というプロセスをこのプロセス自体に適用すること(これこそ究極の曰く言いがたいデリケートな操作)――意識的に無意識的状態になり、それから、自ら行ったばかりのその催眠行為を意識しなく

なること。（オーウェル 二〇〇九：五六―五七頁）

こうした「二重思考」もまた、事実や真実を尊重する態度をもたないことによってのみ、可能となるものであろう。もし事実や真実を尊重していたならば、昨日まで事実とされていたことを党の命令によってすぐさま放棄し、昨日まで嘘とされていたことを事実として受け入れることなど、できようはずもないからだ。[10] その反対に、党（政府）の命令によって、あるいはそのときどきの状況によって、何が真実であり何が嘘であるかがころころと入れ替わるような状況に置かれたときには、多くの人はもはや〈真実への信〉を捨て、思考を停止させて、上（外）から強制された真実／嘘の区別を無感情に受け入れるようになるだろう。それが、オーウェルが「二重思考」として描き出そうとした思考法である。

『ワシントン・ポスト』紙によれば、トランプ米大統領は二〇一七年だけで二一四〇回の嘘をついたという。[11] また『朝日新聞』によれば、「桜を見る会」をめぐる国会での質疑において、安倍首相は「事実と異なる」答弁を二八回行ったとされている。[12] 一国の政治的指導者がこれほどの嘘を連発し続けると、次第に人々の感覚は麻痺していくだろう。どうせいつものことだ、という風に諦めの空気が広がっていく。たとえその言説を細かくチェックして、誤りを指摘したところで、相手は一向に意に解さない。それどころか、そのようなファクトチェックを指摘するメディアを「お前たちこそがフェイクニュースだ！」と逆に名指してくる始末である。このような状況では、もはや時間をかけて事実と嘘を見分けようとする良心的な人々のほうが損をするようにも思えてくる。こうして社会のなかで、事実・真実を尊重しようとする態度（真実への信）それ自体が失われていき、せいぜいその時々の状況に応じて、自分たちが得するように事実と嘘を臨機応変に切り替えようとする態度（二重思考）が生まれてくる。

そして、アーレントによれば、このように事実と虚構の区別が取り払われた社会状況においてこそ、全体主義が出現しやすい土壌が整えられるのである。彼女の政治における嘘論と全体主義論が結びつくのはこの地点においてである。

では、なぜ今日、このように多くの人々の間で〈真実への信〉が薄れ、現実よりもむしろ「首尾一貫した虚構」のほうが好まれるようになっているのか。不都合な事実を隠蔽する「伝統的な嘘」を超えて、真実／嘘の区別じたいを破壊する「現代的な嘘」のほうが、政治において幅を利かせるようになってしまったのか。アーレントが分析の対象としていた全体主義的状況が現代社会に回帰しつつあるのか。次章以降、これらの問いをより深く考察していくことにしたい。

第2章 真理と政治の緊張関係

『啓蒙思想2.0』を著したジョゼフ・ヒースは、その序章で次のようなエピソードを記している。

1　ブルシットな政治状況

アメリカがどうもまずいことになっていると大衆が意識しだしたのは、二〇〇五年であっただろう。コメディアンのスティーヴン・コルベアが**真実っぽさ**（truthiness）という新語を広めた年だった。この言葉は、政治家が合理性、証拠、さらには事実に基づいた議論に代わって、むやみに感情や「勘」に訴えるようになってきている現状を評したものだ。コルベアが示した定義によれば、ある主張が「真実っぽい」のは、たとえ厳密に真実でないとしても、真実だと感じられるときである。彼が当時のインタビューで語ったように、感情はいまや客観的真理に勝利したのだ。「かつては誰しもに自分の意見を持つ権利が認められていた。自分の事実を持つ権利ではなかった。だが、もはやどうでもいいことだ。事実がどうあってもかまわない。認識こそすべてなのだ」（ヒース

二〇一四：五頁、強調原文）

これに続けて、ヒースは「二〇一二年大統領共和党予備選挙は、議論、論争がどんどん現実から遊離して、ほとんどこの世のものとは思えない様相を呈した」と述べているが、してみれば、「ポスト真実」的な政治状況は二〇一六年になって初めて生じてきたものではなく、二〇〇五年頃にはすでにその症状が現れ始めていたということになろう。序章でも紹介したように、フランクファートの小論『ブルシットな議論』が発表から二〇年の歳月を経て突如注目され始めたのも二〇〇五年のことであった。

ヒースによる以下の記述は、アーレントの政治における嘘論と完全に呼応している。「政治的に優位に立つために嘘をつくのは大昔からあること」だが、「変わったのは、かつて政治家はそれがバレるのを恐れていたこと」である。嘘をつくにしても、「せめて本当らしく聞こえる」ように努力するのが、これまでの政治家の慣いであった。「ところが、政治家はついに気づいてしまった。ひたすら同じことをくり返していけば、それが真実であろうとなかろうと、大衆は信じるようになるのだ、と。そして民主政治《デモクラシー》においては、多数者の信じることのほうが事実よりはるかに重要だ。そのため多くの政治家は、真実を語るふりをすることすらやめてしまった」（ヒース 二〇一四：八頁）。

こうして嘘を隠そうとする態度すら放棄してしまうこと、嘘も繰り返し続けていればやがて大衆はそれを信じるようになるのだ、という不遜な態度をとるようになること、たとえその嘘がばれても全く恥じ入った態度を見せないこと、これらが「現代的な嘘つき」の特徴である。同様の現象がここ一〇年ほどの間に多数の国で続発していることに鑑みれば、これは単に政治家の質の劣化という属人的な要素に還元できる問題ではなく、現代社会のありようと結びついた構造的問題として捉えるべきであろう。そこではもはや事実や真実を尊重する態度という基本的な道徳的／倫理的姿勢が失われてしまっているように見える。なぜこんなにひどい《ブルシットな》政治状況になってしまったのか、と良識的な人々が嘆きたくなるのも当然のことであろう。一体、なぜこんなひどい政治状況になってしまったのか？

インターネットメディアの登場にその原因を求めることもできよう。ＳＮＳ（ソーシャル・ネットワーク・サービス）が政治的にも大きな影響力を持つようになった現代においては、正確な事実検証にもとづく実直な政治的言明よりも、事実の正確さを犠牲にしてでも人々の感情を揺さぶる扇動的な政治的主張のほうが、多くの注目を集める。「いいね」や「リツイート」を多く集め、人々を動員することだけを目的とするならば、事実の正確さやその検証が二の次の問題になってしまうのは、ある意味自然なことだろう。今日のＳＮＳはその流れがあまりに速すぎるために、ひとつひとつの情報が正しい事実にもとづくものであるかを検証することなどほとんど不可能である。そうなればなおさら、とにかくその場で注目を集める発言をした者が勝ち、という状況が出来上がってしまい、正確な事実にもとづいた言明を行わねばならない、という規範は薄れていく。こうしたネットメディアの特性がブルシットな政治状況をもたらしたのだ、というメディアの変化に重きを置いた説明も可能であろう。

ヒースも『啓蒙思想2.0』の結論部では、SNSをはじめとする「ファスト・メディア」に踊らされない「スロー・ポリティクス」を提唱することでその議論を締めくくっている[1]。扇動的な情報や主張にすぐに飛びつくのではなく、時間をかけてそれらを吟味し、議論しあい、落としどころをはかって結論を出す、という政治のあり方がその目指すところであろう。いかにも良識的な提案ではあるが、本当にそうした「スロー・ポリティクス」が「ポスト真実」の政治への対抗策となるのだろうか。もはや良識的な「スロー・ポリティクス」だけでは対抗しきれないところにまで、現代の政治状況の危機は進んでいるようにも思われる。より根源的に、「真実／嘘」と「政治」の関係を問い直さない限り、この危機を乗り越えることはできないのではないか。それは同時に、ポスト真実的な政治状況の原因を、インターネットメディアの出現よりもさらに一段深い、思想的レベルに求めようとする試みが必要とされているということでもあり、本書の狙いもそこにある（なおインターネットメディアがポスト真実状況を加速させる問題については第5章で検討する）。

2　ポスト真実とポストモダン

『ニューヨーク・タイムズ』の主任書評家であったミチコ・カクタニは近著『真実の終わり』のなかで、今日のポスト真実的状況はポストモダン思想が右派ポピュリストに利用された結果、生じてきたものであるという見方を提示している。曰く、ポストモダニトは客観的実在や普遍的真理の可能性を否定し、啓蒙主義を西洋主義的で植民地主義的な思想であるとして却下した。唯一の真実や事実などというものはありえず、複数の視点や立場が存在するだけである。

ポストモダニズムはすべてのメタ物語を否定しただけではなく、言語の不安定さも強調した。（…）脱構築主義は、すべてのテクストが不安定で還元不可能なまでに複雑であり、読者や観察者によってますます可変の意味が付与されると仮定した。あるテクストについて生じ得る矛盾や多義性に焦点を絞る（そうした主張をわざと込み入った、勿体ぶった文体で表現する）ことで極端な相対主義を広めた。（カクタニ 二〇一九：四四頁）

デリダ、フーコー、ラカン、ボードリヤール、リオタールなどのポストモダニストたちの思想は、俗流化された相対主義やニヒリズムへと形を変え、トランプ主義者たちに乗っ取られてしまったとカクタニは見る。彼らは、その相対主義的な主張を、大統領の嘘を弁明するため、進化論に異議を唱えるため、気候変動の現実を否定するため、彼らが消し去りたい過去を消し去るために、悪用するようになったというのである。

新実在論の旗手のひとりとして知られるマルクス・ガブリエルもまた、今日のポスト真実的政治状況がポストモダン思想と結びつきを持っているという見解を示している。トランプやプーチンは「ポストモダン的言語」を上手く操り、「他者性を利用した相対主義的戦略を駆使する」ことに成功している。歴史修正主義者も同様である。さらにガブリエルは、トランプはニーチェが言った「金毛獣」そのものであり、「ニーチェが現代に生きていたら、トランプを熱心に支持しただろう」とまで述べている。「ニーチェこそがポストモダニズムを打ち立てた人物」であり、いまや「人々は冷笑的なニーチェ主義者になっている」のだと（斎藤編 二〇一九：一五九頁）。

しかし、このような見解には直ちに反論も寄せられている。ポストモダン思想の後継者であることを自認するマイケル・リンチは、真理への多元的アプローチを主張しつつも、今日のポスト真実状況を強く批判しており、自分たちの思索は、事実ベースにもとづく科学的営為や批判的思考を否定したことは一度もない、と強調している（Lynch 2020）。西崎文子もカクタニの『真実の終わり』への書評のなかで、ポストモダニズムが「長く権利を剝奪されていた人々の声を拾い上げる反権力的な性格も持っていた」のに対して、ポストモダン的表現を乗っ取った右派が喧伝するのは「人種・性差別的主張や各種陰謀論」であることを指摘し、その政治的含意はまったく正反対のものであることを強調している（西崎 二〇一九）。

マッキンタイア『ポストトゥルース』の監訳者である大橋完太郎も、デリダの脱構築論やフーコーの権力論やソーカル事件[2]を引き合いに出しながら「ポストモダニズムがポストトゥルースの創始者となった」という見解を示すマッキンタイアに対して、附論のなかで的確な解説と批判を加えている。大橋のまとめによれば、マッキンタイアはポストモダニズムによって以下の二つの考え方が促進されたと主張している（大橋 二〇二〇：二二九頁）。

1 あらゆる事象は「テキスト」に還元可能であり、したがって脱構築可能である。あらゆるものについて、ただひとつの正解があるのではなく、複数の答えがある。

2 真理・真実は存在せず、すべては解釈にしかすぎない（ニーチェ由来の遠近法主義）。いかなる真理の宣言もそれをおこなう人物のイデオロギーの反映に過ぎない。

こうした考え方にもとづけば、「ポストモダニズムによれば、あらゆる事象は複数の読みが可能なテキストとみなすことができるし、そこからいかなる解釈を引き出すこともできるということになる。のみならず、そこで引き出された「真なる」解釈も、その解釈をおこなった人間のイデオロギーの反映にすぎない」ということになる（大橋 二〇二〇：二二九頁）。それゆえ、ポストモダン思想は「場合によっては常識的なレベルでは容認し難いような考え方に対しても、特定の地位や発言権を与えることを可能にしてしまったのではないか」とマッキンタイアは言っているように見える。

だが、大橋がただちに反論しているように、このようなポストモダニズム理解は「図式化されたきわめて平板なもの」であって、ポストモダンの真意を捉えたものとは言い難い。本来のポストモダン思想が、そのように都合良く事実を否定し、過去を改竄《かいざん》し、マイノリティを抑圧・排除することを目的として生み出されたものではないことは明らかだろう。デリダやフーコーが今日生きていたとして、トランプ主義者たちの主張を容認することなど決してありえまい。その意味では、ポストモダン思想が現代の右派ポピュリストを生み出したかのようにも読み取れるカクタニやマッキンタイアの議論は、思想史的な正確さを欠くものだと言わざるを得ない。

デリダの脱構築論にしても、脱構築された「解釈」とその由来元となったテキスト、すなわち「真理」とはつねに緊張関係に置かれているのであり、素朴に「真理など存在しない」「つねに無数の解釈だけがありうる」などと主張していたのではない。脱構築的なテキスト解釈も、つねに真理としての原テクストを尊重し、それとの緊張関係を引き受ける態度を前提として成立するものであって、真理（原テクスト）を軽んじて無数の解釈だけを弄ぶことはポストモダニズムの本義ではない（大橋 二〇二〇：二四六頁以下）。あらゆる解釈がつねに何らかの限定された立場からしかなされえないものであることを自覚しつつ、しかしたえず真摯にテキストと向き合い、真理へ向かおうとする態度において初めて、脱構築も可能となるのである。[3]

以上のことを前提としたうえで、しかし、次のように言うことはできるかもしれない。トランプ主義が生み出された元凶がポストモダン思想にある、という解釈があまりに単純化されすぎたものであることは確かだとしても、一部のトランプ主義者たちがポストモダン思想を曲解して、俗流化した相対主義やニヒリズムへ還元し、それによってリベラル派や啓蒙主義者の裏をかこうとした側面があることもまた否みがたいのではないか。「すべての真実が不完全（および個人の視点の結果）だというポストモダニズムの主張」が、ポストモダニストたちの意図を無視したかたちで、今日のポスト真実的政治状況にねじれながら繋がっているのではないか。「ポスト真実の哲学」という論考を記したヤエル・ブラームスもこれと同様の見解を示している（Brahms 2020: pp.13-14）。とはいえ、筆者はポストモダン思想の専門家ではないので、これ以上の検討については、そちらの専門家に委ねたい。

本章の関心は、それよりもポスト真実とアーレント思想の関係性のほうにある。アーレントはいわゆるポストモダニズムに属する思想家ではないが、政治における意見の複数性を強調し、政治の領域と真理の領域のあいだに明確な線を引こうとするアーレントの思想もまた、下手をすれば、俗流化された相対主義、ひいてはポスト真実的な政治へと「悪用」されかねない側面を有しているようにも見えるからである。

3 真理と政治の長い抗争

「真理と政治」論文の冒頭で、アーレントは「これまで誰一人として、真理と政治は互いに折り合いがかなり悪かったことを不審に思わなかったし、私の知るかぎり誰一人として真実を政治的徳のひとつと見なしたことはない」（BPF: p.223, 三〇七頁）と述べている。「嘘は政略家やデマゴーグばかりでなく、政治家の取引にとっても必要かつ正当な道具とつねに見なされてきた」のだと。かように、アーレントは政治の領域から嘘を完全に排除することはできないのであり、むしろ真理と政治はその性格からして対立するものだと考えている。

アーレントにとって、「政治」が複数性の領域であるのに対して、「真理」は唯一性の領域である。「政治」を構成するのは市民の複数的な「意見」の交換、すなわち「活動」であるが、唯一不変の「真理」を探求するのは哲学者の仕事であって、そこには複数性の余地がない。「真理」は普遍的なものであって、それに対する異論や複数的な見方を許さず、本性的に「政治」と対立するものとなる。さらに「真理はそれ自身のうちに強制の要素を伴って」おり、「真理を語ることを職業とする者は驚くほど顕著な専制的《ティラニカル》な傾向をもつ」（BPF: p.235, 三二五頁）、あるいは「政治の観点から見ると、真理は独裁的《ディスポティック》な性格をもつ」（BPF: p.236, 三二六頁）とまで彼女は言う。

「真理と政治の対立」を表す象徴的事例としてアーレントが挙げているのは、「正義は為されよ、たとえ世界が滅ぶとも Fiat iustitia, et pereat mundus」というラテン語の格言である（BPF: p.224, 三〇八頁）。アーレントはこの格言を「真理は為されよ、たとえ世界が滅ぶとも Fiat veritas, et pereat mundus」という命法に置き換えたうえで、真理に忠誠であれ、という正義を守り通した結果として、世界が滅びてしまうことの矛盾や理不尽さを問題にしている。図式的に対比させれば、世界が滅びてでも真理を貫き通すのが哲学の原理であるのに対して、ときには真理を犠牲にしてでも（嘘をついてでも）世界を保全しようとするのが政治の原理である、ということになる。この二つの原理を代表する思想家として、アーレントはそれぞれカントとホッブズを挙げている。

さらにアーレントは真理と政治の抗争が「哲学者の生」と「市民の生」の対立に由来すると述べる。すなわち、「事情がいかなるものであるにせよ、ともかく歴史的に見るならば、真理と政治の抗争は哲学者の生と市民の生というまったく正反対の生の様式から生じた」（BPF: p.228, 三一五頁）。「哲学と政治」のなかでアーレントはこの対立をプラトンとソクラテスの対比に対応させて論じている。ソクラテスが市民の複数的な「意見」を尊重し、それぞれの意見に内在する「真理」を発見することを重視したのに対して、プラトンはその反対に市民の「臆見」(ドクサ)を「真理」へ至る道を阻むものと捉え、これを抑制して、「真理」(イデア)にもとづく「政治」を目指そうとした。プラトンは、普遍的な「イデア」を提示することによって、哲学者がポリスの支配者になるべきだという「哲人王」の思想――アーレントはこれを「真理の専制 tyranny of truth」と呼んでいる――を示した。ソクラテスの裁判に衝撃を受けた弟子のプラトンは、師が志していた複数的な意見にもとづく政治をあきらめ、「真理にもとづく政治」(哲人政治)を志すようになった。それ以降、西欧政治思想の伝統では、〈観照的生〉が〈活動的生〉の上位に立つようになったというのである。

歴史的にいえば、哲学と政治の間に深淵が開いたのは、ソクラテスの裁判と有罪宣告のときであった。(PP: p.6, 五五頁)

真理と意見の対立こそは、プラトンがソクラテスの裁判から得た、最も反ソクラテス的な結論に他ならなかった。ポリス市民に自らの真実を説得できなかったために、ソクラテスは、ポリスが哲学者にとって安全な場所ではないことを明らかにしてしまった。その意味するところは、単に哲学者が所有している真理のゆえに彼の生命が脅かされるということだけではなく、それよりもはるかに重要なことに、ポリスは哲学者の記憶を保存する場所としてふさわしくはないということである。（PP: p.8, 五八頁）

哲学者とポリスの対立が頂点に達したのは、ソクラテスが、まさに自分は知者ではないという理由から、哲学に新しい要求を課していたからなのである。そしてプラトンが真理による専制政治を構想したのはこうした状況下でのことに他ならない。真理の専制において、都市を統治するのは、人々が説得されうる現世的な（一時的な）善ではなく、人々が説得されない永遠の真理である。（PP: pp.11-12, 六二頁）

以上のようにして、ソクラテスの裁判後、プラトンがイデアの真理にもとづく哲人政治を提唱したことによって、「政治」を「真理」（哲学・観照）に従属させようとする西欧の伝統が生み出され、この伝統が「活動」の意義を見失わせてきたことを、アーレントは『人間の条件』をはじめとする諸著作において繰り返し強調している。「真理と政治の抗争の物語は古く、複雑なものである」（BPF: p.225, 三一〇頁）とアーレントが書くのもこうした西欧政治思想の伝統を踏まえてのことである。

この伝統に対して、アーレントは複数的な「意見」を重視したソクラテスを参照しながら、労働・仕事・活動から成る〈活動的生〉の再評価を目指した（『人間の条件』）。しかし、意見と真理、政治と哲学を鋭く対立させ、峻別するあまり、政治の領域から普遍的な真理を追い出してしまうアーレントの思想は、図らずも、真理を蔑《ないがし》ろにした政治を展開する「ポスト真実」に接近してしまうようにも見える。そうであるとすれば、ポストモダン思想と同様に、アーレントの思想はむしろポスト真実的状況を後押ししてしまう（あるいはそのために悪用されてしまう）可能性があるのではないか？

4　事実の真理の脆さ

ここで、アーレントがライプニッツに倣って真理を「理性の真理 rational truth」と「事実の真理 factual truth」の二つに分類していたことを確認しておこう。「理性の真理」とは2+2=4などの数式や「地球は太陽のまわりを回転している」などの物理的法則のように議論の余地なく、誰もがそれを真と認めることができるような「真理」（客観的命題）である。他方、「事実の真理」は「一九一四年八月四日の夜、ドイツ軍がベルギー国境に侵入した」といった歴史的事実や現在および過去の出来事に関する「真理（真実）」を指す。

この二つの真理のうち、「理性の真理」は議論の余地がなく、誰にとっても等しい真理であるのに対して、「事実の真理」は「つねに他の人々に関連して」おり、「多くの人が巻き込まれている出来事や環境に関わり、目撃によって立証され、証言に依存する」ものである（BPF: pp.233-234, 三二二頁）。この性格ゆえに、「事実の真理は本性上政治的である」とアーレントは言う。

先述のとおり、アーレントにとって政治的領域とは複数的な意見の交換（公共的な討議）が行われる場であったが、その領域において「事実」と「意見」は相互に支え合う関係にある。「事実と意見は区別されねばならぬが、互いに敵対するものではなく同じ領域に属している」のであり、「事実は意見の糧 facts informs opinions」であると同時に、意見は「事実の真理を尊重するかぎり正当でありうる」。言い換えれば、「理性の真理が哲学的思弁の糧であるように、事実の真理は政治的思考の糧である」ということになる（BPF: p.234, 三二三頁）。

ここでも、アーレントが「事実と意見は同じ領域に属している」ということは、一見すると、意見と同様に事実もまた複数的な次元を持ちうると彼女が信じていたかのような印象を与えかねない。さらに続けてアーレントは次のようにも述べている。

しかし、そもそも事実は意見や解釈と無関係に存在するであろうか。歴史家や歴史哲学者は代々、解釈なしに事実を確認することが不可能であると立証してこなかったであろうか。というのも、事実はまず最初に単なる偶然の出来事のカオスから拾い上げられ（事実のデータは決して選択の原理とはならない）、ついで物語にはめ込まれねばならないが、物語はあるパースペクティヴにおいてのみ語られうるものであり、しかもパースペクティヴは元の出来事からは導出されないからである。（BPF: p.234, 三二三頁）

「事実の真理」に関するアーレントのこうした記述は、「事実や出来事の連なり」が観点の持ち方次第で「物語」としていかようにも語られうるかのような印象を与える。こうした言明は、歴史的事実が必ずしも一つには限らず、歴史には様々な捉え方や語り口がありうると主張する歴史修正主義者の主張とも近しい立場にあるように映る。社会科学のなかでも、歴史解釈をめぐっては「物語の複数性」を提唱する議論があるが、[4] ネット右翼の言説に詳しい倉橋耕平はこのことを次のように説明している。歴史は複数あり、それぞれの視点から多元的に作られているという主張は、一方では文化相対主義を加速させ、他方では複数的な立場からの歴史認識を巡る政治を促進させた。しかし、ここに「社会構築主義の罠」とでも呼びうる逆説がある。すなわち、歴史が社会構築的な物語であるならば、翻って歴史修正主義もまた、事実・出来事を前提としない物語として等価に検討すべきだという論理的帰結をもたらすという罠がそれである（倉橋 二〇一九：八六頁以下）。

アーレントによれば「事実の真理」は人々の目撃や証言に依拠するために改変されやすく脆い性格をもち、[5] 為政者が強大な政治的権力をもてば、歴史的事実を抹消することすらも不可能ではない。例えば、「一九一四年八月四日の夜にドイツ軍がベルギー国境に侵入した」

という歴史的事実を記録から抹消することは決して容易ではない。そこには「歴史家の気まぐれ以上のものが必要とされよう」。とはいえ、「このような権力独占が決して考えられないわけではないし、（…）権力の利害がこのような事柄に関して最終的な発言権を持った場合、事実の真理の運命がどうなるかは想像に難くない」（BPF: p.235, 三二四頁）。そして「事実や出来事はいったん失われるならば、理性がいかに努力しても永遠にそれらを取り戻せないであろう」（BPF: p.227, 三一四頁）。

こうした記述を踏まえてみるとき、「事実の真理」をめぐるアーレントの記述は、今日における歴史修正主義者たちの論理《ロジック》を予見するものだったと評価することができると同時に、他方では「歴史にたった一つの事実などない。歴史には様々な語り口がありうるのだ」といった相対主義的な歴史観とも呼応し、それがひいては「歴史とは物語であり、それぞれの国に固有の物語＝歴史がありうる」といった歴史修正主義的あるいは右翼的な歴史観[6]に道を開いてしまう危険性を持っていたと捉えることもできる。言うまでもなく、アーレントが歴史修正主義を擁護するつもりがなかったことは明らかである。しかし、事実と意見が同じ領域に属すると論じるアーレントの思想は、ややもすると、歴史修正主義やポスト真実主義的な主張と呼応してしまう危険性をもっているのではないか？

5　事実の真理の堅固性

しかしやはりそうではない。アーレントは次のように明言しているからである。

しかしだからといって、そのことが事実の事柄が現実に存在することを否定する論拠となるわけではなく、また事実と意見や解釈との境界線を曖昧にすることを正当化したり、歴史家が好みのままに事実を操作する口実として役立ちうるわけではない。たとえ各世代がそれ自身の歴史を書く権利をもつことが認められるとしても、それ自身のパースペクティブにしたがって事実を並び替える権利をもつことが認められるわけではない。われわれは事実の事柄それ自身に手を触れる権利を認めないのである。（BPF: p.234, 三二三頁）

アーレントは、歴史的事実が語り手によって好き勝手に語られ、物語化されて良いと認めていたわけでは決してない。「われわれは事実の事柄それ自身に手を触れる権利を認めない」と断言していることから、それは明らかであろう。前節に引用した箇所でも、彼女は「事実は意見の糧」であると同時に、「意見は（…）事実の真理を尊重するかぎり正当でありうる」と述べていたのであって、同じ政治的領域に属するとはいえ、意見と事実は同じ解釈的次元に属しているわけではない。

アーレントは、「事実の真理」も揺るぎなく「真理」なのであり、「理性の真理」と同様に、「それ自身のうちに強制の要素をもっている」と言い切っている。「私は理性の真理と反対に事実の真理は意見と対立しないと述べたが、これは半面の真理にすぎない。すべての真理は、さまざまな種類の理性の真理ばかりでなく事実の真理も、妥当性を主張する仕方において意見と対立する。真理はそれ自身のうちに強制の要素を伴っている」（BPF: p.235, 三二五頁、強調原文）。

「三角形の三つの角の和は正方形の二つの角の和に等しい」とか「地球は太陽のまわりを回転している」といった「理性の真理」と同様に、「一九一四年八月にドイツはベルギーを侵略した」といった「事実の真理」もまた、「ひとたび真なるものとして了解され、そう宣言されるや、合意、論争、意見、同意に左右されないものになる」のである。「なぜなら、その言明の内容は説得の性質ではなく、強制の性質をもつのであるからだ」（ibid.）。このようにして、アーレントは「事実の真理」が目撃や証言などに依拠する不安定さをもつことを認めながらも、最終的には「事実の真理」もやはり真理の一部として、「人間の合意や同意を超えた」確固たる確かさをもつものだと明言する。「真理を扱う思考やコミュニケーションの様式」は、「他者の意見など考慮に入れない」のであり、「意見の交換」は真理に寄与しない。

こうして「事実の真理」に対するアーレントの議論は二つの側面をもっている。[7] アーレントは一面ではそれが目撃や証言に依拠する不確かさを持つことを認めつつも、もう一面では、それが最終的には人間の意見や論争に左右されない真理としての強靭さをもつ、とも述べているからである。言い換えれば、「事実の真理」は政治的な争い事に巻き込まれやすいものだが、最終的にはそれはやはり政治的な討論とは区別される真理としての強制力をもつのだと彼女は考えていたのである。[8]

事実はあくまで一つであって、複数の事実が存在するわけではない。その点については、アーレントは確固たる信念をもっている。たとえ「事実の真理」を短期的に偽ることができたとしても、長期的に見れば、それを偽り続けることはできず、いつかは「真実」が明らかになるはずである。ゆえに、アーレントも、多くのポストモダニストと同様、単なる相対主義者でもなければ、普遍的な真理への信念を失ったニヒリストでもない。アーレントがその意義を強調した「意見の複数性」は、あくまで「事実の真理」に対する共通の認識という土台のうえで実現されるものでなければならず、複数的な解釈は一つの事実に対してなされるものでなければならないのである。

「政治における嘘」でも次のように述べられている。「嘘つきは聴衆が聞きたいと思っていることや聞くだろうと予期していることを前もって知っているという非常に有利な立場にいるので、嘘はしばしば現実《リアリティ》よりもはるかに真実味があり、理性にアピールする」にもかかわらず、「正常な状態では、現実に取って代わるものがないことから、嘘つきは現実によって打ち負かされる」(CR: pp.6-7, 五頁)。すなわち、嘘つき(政治家)はずっと人々を騙し続けることはできない。ほとんどの場合、長期的に見れば、嘘は現実によって反駁される。それは、「経験豊富な嘘つきの提供する虚偽の織物がいかに大きかろうとも、それは、たとえ彼がコンピュータの助けを借りたとしても、巨大な事実性を覆い尽くすほど大きいということは決してないだろう」(CR: p.7, 五—六頁)からである。

他方でアーレントは、「事実の真理が権力の攻撃から生き残るチャンスは、実に微々たるもの」であり、「一時的ばかりか潜在的には永遠に、世界から抹殺される危険につねに晒されている」とも記している。人間が「ともに活動する acting together」結果として生み出される「事実と出来事」は、つねに根源的な偶然性に晒されているために、「人間の精神によって生み出される公理、発見、理論、さらにはきわめていいかげんな思弁的理論よりも、はるかに儚い」ものであると(BPF: p.227, 三一三頁)。「活動」にまつわる偶然性は「まさしく無制限である」ために、「事実はなぜそれが現にあるところのものであるのか、決定的な理由を何一つもたない」(BPF: p.238, 三二九頁)。それゆえ、「事実の真理は意見と同じく少しも自明ではない」(BPF: p.239, 三三〇頁)。

「政治における嘘」でも次のように述べられていた。

われわれがそのなかで日常的生活を送っている事実の織物全体がいかに脆いものであるかは、歴史家のよく知るところである。それはつねに一つの嘘によって穴を開けられたり、集団、国民、階級の組織された嘘によって引き裂かれ、否定され、歪められ、またしばしば山のように積み重ねられた虚偽によって周到に覆い隠されたり、ただ忘却の淵に沈むに任されたりする危険に晒されている。(CR: p.6, 四―五頁)

それにもかかわらず、最終的にアーレントは「事実は頑強《スタボーン》なものとして現れ」、「事実の脆さは奇妙にも大いなる復元力《レジリエンシィ》と結びついている」と述べる(BPF: p.254, 三五三頁)。そして、「頑強たる点で事実は権力に優る」。権力は一時的な性格であるため、永続性に類するものを達成する道具としてはきわめて頼りない。これに対して、「事実の真理」は永遠性の領域に属するものであって、事実が一時的に権力によって歪められたり隠蔽されたりすることがあったとしても、長期的に勝ち残るのは「事実の真理」のほうであるという確信をアーレントは持っている。かように、「事実の真理」をめぐるアーレントの記述にはつねに両価的なところがあるのだが[9]、最終的には権力による操作や歪曲よりも「事実の真理」のほうが力を持つという信を抱いているのである。

6　真理は大地であり天空である

以上のことを確認したうえで、アーレントは「真理と政治」の最終節で次のように述べる。真理は政治において「無力でありつねに挫折する」にもかかわらず、権力や暴力や説得が生み出すことのできない「真理それ自身の力」をもっている（BPF: pp.254-255, 三五三頁）。しかもそのことは理性の真理や宗教の真理よりも事実の真理に最もよく当てはまる。なぜならば、理性の真理や宗教の真理はわれわれの頭脳から生み出される真理であるけれども、事実の真理はすでになされた行為をめぐる真理であって、それをいかに否定したり歪曲したりしようとしても、その事実はあくまで事実として揺らがないからである。「説得や暴力は真理を破棄しうるが、真理に取って代わることはできない」（BPF: p.255, 三五四頁）。

このことを確認したうえで、アーレントは「いまやわれわれが目を向けねばならないのは、真理を語るものが立つこの立場と、この立場が政治の領域に対してもつ意義である」（BPF: p.255, 三五四頁）として、その領域を次のように特徴づける。

政治の領域の外の立場、すなわち、われわれが属している共同社会や仲間との交わりの外の立場は、独りであるあり方の一つとして明確に特徴づけられる。真理を語る存在様式に顕著なのは、哲学者の独居《ソリテュード》、科学者や芸術家の孤独《アイソレーション》、歴史家や裁判官の公平《インパーシャリティ》、事実発見者や目撃者、レポーターの独立《インディペンデンス》である（…）。これら交わりの外に独りでいるあり方は、多種多様であるが、独りでいる状態が続くかぎりはいずれも政治的コミットメント、主義主張への固執が不可能な点で共通している。

（BPF: p.255, 三五四頁）

この箇所では、哲学者だけでなく、科学者や芸術家、歴史家、裁判官、ジャーナリスト、学者などの人々が「真理」の領域に属するとされている点で注目に値する。これらの職業にたずさわる人々は、みな「交わりの外」にあり「政治の領域の外」にいる「独り」の存在とされる。これらの人々の営みはしばしば「政治的なもの」と衝突する。それゆえ、哲学、学問、司法、芸術、歴史、ジャーナリズムなどの領域はいずれも「政治の領域の外側」にあり、政治の領域と対立する側面を持っている。

例えば、裁判官・弁護士・検察官など司法《ジャスティス》に関わる人々は政治的意見に左右されない正義《ジャ》＝公正《スティス》を探求する使命をもつ。それゆえ「司法制度は統治の一部門あるいは正義の直接的な執行機関として、社会的－政治的権力から入念に保護されている」（BPF: p.256, 三五五頁）。また、「ジャーナリストがいなければ、われわれは絶えず変化している世界のなかで方位を定めることができず、文字通り、われわれがどこにいるのか分からない」。それゆえ「政治的領域の外側からなされる情報の供給は最も重要な政治的機能をもつ」（BPF: p.257, 三五六頁）。加えて、大学などの学術機関が存在することによって、「真理が公的領域に行き渡る機会は大幅に増えた」（BPF: p.256, 三五六頁）。特に歴史科学と人文科学は「事実の真理や人間の記録を発見し、その番をし、解釈を行う」役割を持っている。[10]

　これらの機関は、「事実の真理」を整理・提供・記録することによって、政治の外側から政治に強い影響を与える。「疑いもなく、政治に関連するこうした機能はいずれも、政治の領域の外から遂行される。それらは、コミットのなさ、公平不偏、思考と判断における自己利害からの自由を必要とする」（BPF: p.258, 三五八頁）。そして、これらの機関の存在意義は、「政治の領域自身が、司法＝正義《ジャスティス》を執行するために必要な不偏性に加え、権力闘争の外部に立つ制度が政治の領域には必要であると認めた」（BPF: p.256, 三五五頁）ことに由来している。[11]

　このようにしてアーレントは「政治」の領域と「真理」の領域をつねに対比させ、唯一絶対の「真理」を探求する営みとは異なるものとして、複数的な「政治」を特徴づけようとするのであるが、だからといって彼女は決して「真理」の領域を低く評価していたわけではない。政治の領域と真理の領域は相対立するが、それぞれの役割をもち、互いを牽制している。「実際、少なくとも法治国家では、たとえ真理と政治の抗争が生じても、次のことが政治の領域によって承認されているのはおよそ否定できない。すなわち、政治の領域はその権力の及ばない人々や制度の存在にかかっている、と」(BPF: p.256, 三五六頁)。

さて、政治の場から真理を取り除こうとするアーレントは、実は「ポスト真実」に親和的な思想家なのではないか、というのがわれわれの当初の問いであった。確かに政治の領域と真理の領域を峻別し、政治の領域から真理を追い出そうとするアーレントの態度は、一見ポスト真実的であるかのようにも映る。しかし、アーレントが決してポスト真実主義者でなかったことは、「真理と政治」の最後の記述を見れば明らかである。

私がここで示そうとしたのは、政治の領域全体はその偉大さにもかかわらず制限されていて、人間および世界の存在全体を包括するものではないということである。政治の領域は、人間が意のままに変えることのできない事柄によって制限されている。そして、われわれが自由に活動し、変えうるこの政治の領域が損なわれずに、その自律性を保持し、約束を果たすことができるのは、もっぱら政治自身の境界を尊重することによる。概念的には、われわれが変えることのできぬものを真理と呼ぶことができる。比喩的には、真理はわれわれが立つ大地であり、われわれの上に広がる天空である。

(BPF: p.259, 三六〇頁)

「真理はわれわれが立つ大地であり、われわれの上に広がる天空である」とは非常に印象的なフレーズである。この記述を見れば、アーレントが決して真理を蔑ろにしていたわけではないことが理解されるはずだ。政治の領域がつねに真理によって制限されていること、政治の領域の自律性を保持し、その約束を果たすためには政治と真理の境界を尊重しなければならないこと、をアーレントはここで強調している。政治はたえず「人間が意のままに変えることのできない事柄」によって制約されているのであり、われわれはその自覚のうえでのみ、自由に「活動」し、新たな「始まり」をもたらすことができる。

真理を無視した意見は、必ず悪質な嘘を政治のうちに導き入れてしまうことに繋がるだろう。政治と嘘が完全に手を切るのは不可能だとしても、また多様な物の見方や意見が尊重されるべきだとしても、われわれは事実を無視して良いということには決してならないし、真理との緊張関係を失った政治は許されるべきではない。それが他者を攻撃したり差別したりする嘘なのであればなおさらのことである。事実を無視して、自らのイメージを優先する「現代的な嘘」が「世界を破壊する嘘」へと結びつくことも前章に述べたとおりである。アーレントがかように真理の揺るぎなさと政治の被制約性を重視していたことの意味を、ポスト真実の時代にわれわれは改めて噛みしめなければならない。

第3章
活動と嘘

1　世界を変革するための嘘

「真理はわれわれが立つ大地であり、われわれの上に広がる天空である」と宣言するとき、アーレントは決してポスト真実的な思想家などではなかったことが分かる、というのが前章での結論だった。アーレントは真理の領域と政治の領域を峻別していたが、それは彼女が真理を蔑《ないがし》ろにしていたことを意味しない。真理は政治の外部からそれを制限し、条件づけるのだ。そのような制限と条件を無視した政治は、政治の土台たる世界を破壊することに繋がりかねない。アーレントはそのような「政治における嘘」を厳しく批判したのだった。

しかしこれですべての疑いが晴れたわけではない。もうひとつ見逃すことができないのは、アーレントが「活動」と「嘘」を親和的に論じていたことである。驚くべきことに、彼女は「嘘をつく能力」と「活動する能力」には密接な関連があり、両者は想像力という共通の源泉をもっている、そして「嘘をつくこと」はときに新たな「始まり」をもたらすことに繋がりうる、と主張しているのである。「政治における嘘」と「真理と政治」からそれぞれ引用しておこう。

事実の真理の意識的な拒否――嘘をつく能力――と事実を変える能力――活動する能力――は相互に関連しているのであって、両者は想像力という共通の源泉によって初めて存在するのである。実際には雨が降っているときに「太陽が照っている」と言うことができるのは、決して当たり前のことではない。(…)われわれには世界を変え、そのなかで何か新しいことを始める自由がある。存在を否定したり肯定したりする精神的な自由、「イエス」と「ノー」を言う精神的自由(…)がなければ、どんな活動もできないだろう。そして言うまでもなく、活動こそが政治をかたちづくるのである。(CR: p.5、三―四頁)

彼〔嘘をつく人 liar〕は本性上、つねに活動者=俳優 actor なのである。彼が現実と食い違うことを言うのは、物事が現実にそうであるのとは別様になるのを欲するからである。彼は世界を変えようとしている。彼は、われわれの活動、すなわちリアリティを変える力能と、土砂降りのときでも「太陽が照っている」とわれわれが言うのを可能にする神秘的な能力とのあいだの打ち消しがたい親和性を利用しているのである。(…)言いかえれば、必ずしも真理を語る能力ではなく、嘘を語るわれわれの能力こそ、人間の自由を確認する数少ない、明白で論証可能なデータのひとつのなのである。われわれが生きる環境をともかく変えられるのは、われわれが環境から相対的に自由だからであり、そして虚偽の陳述が悪用し濫用するのは、この自由なのである。(BPF: p.246, 三四一頁)

これは一体どういうことなのか。アーレントは「政治における嘘」を強く批判してきたのではなかったのか。にもかかわらず、彼女が称揚した「活動」と「嘘をつくこと」を親和的なものとして論じようとするのはなぜなのか。政治的な「活動」と「嘘をつくこと」は対立的な関係にあるのか、協調的な関係にあるのか、一体どちらなのか。いかにもアーレントらしいスキャンダラスな言明ではあるのだが、その真意は一見して計り難い。アーレントは「活動」と「嘘」の関係をどのように捉えていたのか。本章ではこの点を考察していこう。「活動する能力」と「嘘をつく能力」を密接に結びつけようとするアーレントの真意はどこにあるのか。先ほど引用した箇所(前者)の前段でアーレントは次のように述べている。

人間の活動の特徴は、つねに何か新しいことを始めることにあるが、それは一番最初から始める、無から創造することができるということを意味するわけではない。活動をなす余地を作るためには、以前からあったものが取り除かれるか、壊されなければならないのであって、以前のままのものは変えられることになる。そうした変化は、もしわれわれがいま自分の肉体がいるところから頭のなかで自分自身を移して、さまざまな物事がいま現にあるのとは異なるものであるかもしれないのを想像することができなければ、不可能である。（CR: p.5, 三頁）

「活動」によってなにか新しいことを始めるためには、「以前からあったものが取り除かれるか、壊されなければなら」ず、「さまざまな事物がいま現にあるのとは異なるものであるかもしれないことを想像すること」ができなければならない。つまり、この世界に新たな「始まり」をもたらすためには、現状の世界を変革するためには、現在の世界のあり方に「ノー」を突きつける必要がある。そして現在とは異なる「別の世界」を想像（構想）し、それに向けて世界を変えていかなければならない。「嘘をつく能力」と「活動する能力」が相互に関連し、「想像力」という共通の源泉をもっているとアーレントが述べるのはそのような意味においてである。そうであるとすれば、ここで「活動」と親和的に論じられる「嘘」とは、自己の利害のために事実を隠蔽・捏造するような嘘ではなく、世界に新たな「始まり」をもたらすための嘘、あるいは現状の世界にノーを突きつけ、世界を変革するための嘘だ、ということになるだろう。

これは一般的に言えば、現実と異なる世界＝虚構《フィクション》を構想する力と近いものであろう。例えば、小説家や劇作家は現実世界を素材としながら、実際には起こっていない出来事を物語として描き出す。そのような物語＝虚構は、ときに現実世界以上の魅力をもち、人々を惹きつける。またそれは、「世界が今あるのとは別様でもありうるのだ」という想像力〔構想力〕を掻き立てることによって、ときに人々の思考や行動を変化させ、現実世界にまで影響を及ぼす。[1] よく言われることだが、その物語（作品）を経験する前と後とでは世界が違って見える、というのが優れた物語の証である。アーレントのいう「さまざまな事物がいま現にあるのとは異なるものであるかもしれないことを想像」し、それを言明・表現する能力も、これに類するものであろう。

　こうして、「活動」によって新たな「始まり」をもたらすためには、現実とは異なる世界を構想する「嘘」（虚構）が必要とされる。さらにアーレントは次のようにまで言う。「嘘を語る者が活動の人であるのに対して、真理を語る者は、彼の語るのが理性の真理であれ事実の真理であれ、断じて活動の人ではない」（BPF: p.245, 三四〇頁）、そして「必ずしも真理を語るわれわれの能力ではなく、嘘を語るわれわれの能力こそ、人間の自由を確認する、数少ない、明白で論証可能なデータのひとつ」なのである（BPF: p.246, 三四一頁）、と。

　このように「嘘をつくこと」に積極的な意味を見出そうとするアーレントの態度は、嘘をつくことを悪であるとする一般的な態度とは全く逆である。例えばそれは、いかなる場合にも嘘をついてはならない——たとえ人殺しに追われている友人を家にかくまっているときでさえ——と命じたカントの態度とは、全く対照的である(カント 二〇〇二)。あるいはそれは、嘘をつくことは神の意図に背くものであり、決して許されないという思想を打ち立てたアウグスティヌスの哲学とも反するものである。アウグスティヌスの定義によれば、嘘とは、人を騙す意図から心に抱いているのとは異なることを言うことであり、それは神から人間に与えられた言語の目的に背くものである(アウグスティヌス 一九七九)。この定義に基づいて、アウグスティヌスは嘘をつくことはすべからく悪であるとし、この見解はトマス・アクィナスを経てその後のキリスト教神学に引き継がれた(ボク 一九八二、保坂 二〇一二)。

こうした哲学の系譜のなかで、嘘をつくことに人間の自由の根拠と、政治的活動の条件を見出すアーレントの思想は特異な位置を占めている。

2 独立宣言文における「嘘」

アーレントが提唱する「活動のための嘘」あるいは「世界を変えるための嘘」を理解するにあたって重要な手がかりを与えてくれるのが、アメリカ独立宣言文における以下の有名な箇所である。

われわれは、以下の真理を自明のこととする。すなわち、すべての人間は生まれながらにして平等であり、その創造主によって、生命、自由、および幸福の追求を含む不可侵の権利を与えられている。

基本的人権を明文化した宣言としてあまりに有名な文章だが、アーレントはここで「われわれは、以下の真理を自明のこととするWe hold these truths to be self-evident, that...」という表現が用いられていることに着目している。「われわれは以下のように信ずるWe hold」という表現を用いることによって、独立宣言の起草者であるトマス・ジェファソンは「万人は平等に創られている」という言明が実際には「自明」ではなく、「合意や同意を必要とする」ことを、「つまり、平等が政治的に重要であるべきなら、平等は意見の問題であって「真理」の問題ではないことを無意識的に認めていた」のだと彼女は分析する（BPF: pp.242, 三三五頁）。つまり、「万人が平等に創られている」という言明は、われわれがそのことを「合意と同意」によって認め、それを実現・実践しようとするときにのみ、現実《リアル》＝本当なものとなるのであって、あらかじめそのような理想状態が保証されているわけではない。「この選択は、ジェファソンがおよそ自分の意に反して認めたように、意見の問題であって、真理の問題ではない。選択の妥当性は自由な合意と同意にかかっている」（BPF: pp.242-243, 三三六頁）。

実際、アメリカ独立宣言がなされた当時、「すべての人間は生まれながらにして平等である」というこの言明は、決して「自明の真理」あるいは「事実」ではなかった。当時のアメリカにはれっきとした黒人奴隷制度が存在しており、黒人たちには長らく「生命、自由、および国風の追求を含む不可侵の権利」が与えられてこなかった。そして、ジェファソン自身もまた奴隷を所有する大地主であったことが知られている。その意味では、この独立宣言文もまた「嘘」をついていたことになる。アーレント自身、黒人奴隷は「アメリカの歴史における重大な犯罪」（RJ: p.198, 三六七頁）であり、またアメリカの抱える「原罪」（OR: p.61, 一〇八頁）であったと述べている。[2]

この「嘘」を単なる嘘ではなく、「活動」のための嘘（構想）とするためには、それを「現実＝本当《リアル》」に変えるための実践《プラクシス》が必要である。ここで参考になるのはボニー・ホーニッグの論文「独立宣言──共和国創設の問題におけるアーレントとデリダ」（一九九一年）である。ホーニッグは、アーレントとデリダの議論を両睨みにしながら、アメリカ独立宣言文は、事実をただ記述する事実確認的《コンスタティヴ》な文章ではなく、その記述によって現実を変えていく行為遂行的《パフォーマティヴ》な文章であったと見るべきだと主張した。「私の見るところ、アーレントはアメリカ独立宣言文を純粋に行為遂行的な言論活動《スピーチアクト》として言祝ぐことを欲している」（Honig 1991: p.101）。つまり、この独立宣言文はアメリカにおいて万人に自由と平等がすでに保証されているという事実を記述した文章ではなく、そのように宣言することによってその理想に向かって今ある現実を変えていこうとする行為遂行性を持った文章だというのである。

そうだとすれば、独立宣言文における「すべての人間は生まれながらにして平等である」という言明は、単なる非事実としての嘘ではなく、将来実現されるべき状態の先取りであり、われわれが未来に向かって進むべき方向を示した一種の虚構《フィクション》だと言うことができよう。実際に、のちの南北戦争や公民権運動において、黒人をはじめとするマイノリティの人々が平等な市民権を求める際に、しばしばこの独立宣言文が参照された。黒人の人々は独立宣言文に書かれた理念に合致しない現実を送っている。ならば、その理念のほうにあわせて現実が変えられるべきだ。このような政治的主張がなされるとき、独立宣言文に示された虚構のほうがむしろあるべき現実となり、今ある現実のほうが変えられるべき嘘の状態になる。そして、そのような虚構と現実の逆転をもたらすのが、まさにアーレントの称揚した政治的「活動」（実践）である。アーレントが肯定的に論じた「始まりのための嘘」とは、このような未来のあるべき状態を先取りした虚構であったと考えられる。[3]

独立宣言文からおよそ二世紀のちに、黒人たちが市民権を求めて立ち上がった公民権運動のなかで、キング牧師が行った有名な演説“I Have a Dream”のなかで語られた「夢」もまた、このような「虚構」であり、「始まりのための嘘」であったと捉えておくことができるだろう。それは独立宣言文の理念を引き継ぎ、それを実現させ更新させるための嘘＝虚構＝夢＝希望である。それは実際に多くの人々をその実現に向けた「活動」へと動かした。あまりに有名なその演説の一部を引用しておこう。

私には夢がある。それは、いつの日か、この国が立ち上がり、「すべての人間は平等に作られているということは、自明の真実であると考える」というこの国の信条を、真の意味で実現させるという夢である。

私には夢がある。それは、いつの日か、ジョージア州の赤土の丘で、かつての奴隷の息子たちとかつての奴隷所有者の息子たちが、兄弟として同じテーブルにつくという夢である。（…）

私には夢がある。それは、いつの日か、私の四人の幼い子どもたちが、肌の色によってではなく、人格そのものによって評価される国に住むという夢である。


この夢＝希望は今も嘘と現実のはざまにある。その嘘（虚構）を現実に変えられるのは、人々の間で織りなされる「活動」である。二〇一二年に起きた白人警官による黒人少年トレイボン・マーティンの射殺事件や二〇二〇年に起きたジョージ・フロイド殺害事件をきっかけとして、ブラック・ライヴズ・マター運動がアメリカ全土に波及することとなったが、このことはアメリカ合衆国において今なお黒人差別が深刻な問題であり続けていること、キング牧師の「夢＝理想」がまだ「夢＝嘘」であり続けていること、しかしその「夢＝嘘」を「本当＝現実」に変えようとする運動が続いていることを示している。

3　自らが範例となること

さらにアーレントは、先の独立宣言文の分析に続けて、ソクラテスを例にとりながら次のように論じている。『ゴルギアス』で示された、「不正をなすよりも、不正をなされるほうがましである」というソクラテスの命題もまた「意見ではなく真理であることを要求している」（BPF: p.243, 三三六頁）。アーレントはしばしば、この命題こそが西欧社会における倫理の基準となってきた考え方であると強調するのだが（『精神の生活』『責任と判断』など）、実際にはプラトンが残した多くの対話篇を見ると、議論のなかでソクラテスがこの命題を論争相手に納得させてきたとは言い難いと言う。それゆえ「彼の言明は友人にも論敵にも同様に説得力を欠いたままであったのを知っているだけに、彼の言明がどのようにしてあれほど高い妥当性を獲得したのか自問せざるをえない」（BPF: p.243, 三三六―三三七頁）。

それが「通常とはかなり異なる種類の説得によるものであったのは明らかである」とアーレントは言う。すなわち、ソクラテスは自らに下された死刑判決を逃れることを拒否し、自ら毒杯をあおることによって、自らがその命題を実践する「範例 example」となったのだ、と。この自らの命を犠牲とする行為によって「不正をなすよりも、不正をなされるほうがましである」という命題を、一つの意見から真理へと高めることに成功したのである。こうした「範例による教え」こそが「哲学の真理が濫用や歪曲なしに果たしうる唯一の「説得」の形式である」(BPF: p.243, 三三七頁)。

哲学の真理が範例という形に表されることができる場合にのみ、哲学の真理は「実践的」となり、政治の領域の規則を犯さずに行為を鼓舞できる。これこそ倫理的原則が妥当性を獲得するばかりでなく、確証される唯一の機会である。(BPF: p.243, 三三七頁)

例えばわれわれは勇気の観念を確証するためには、アキレウスの範例を思い起こすであろうし、善の観念を拡張するためには、ナザレのイエスや聖フランチェスコの範例を思い起こすであろう。こうした範例こそが、われわれに哲学的命題の真理性を確信させ、その命題の通りに行動するようわれわれを鼓舞するものとなる。多くの場合、これらの範例は「歴史と詩から引き出される」(BPF: p.244, 三三八頁)。アーレント自身が、ホメロスの『イーリアス』や『オデュッセイア』、トゥキディデスの『歴史』における範例を引き合いに出しながら、自らの思想を語っていくように。

前章にも述べたように、アーレントは「政治の領域」と「哲学の領域」を明確に区別していた。唯一の真理を探求する「哲学者の生」と、複数的な意見を交換する「市民の生」は、通常交わるところがない。だが、その例外となるのが、哲学者が自らの身を危険に晒して、自らが範例となり、自らの命題の正しさを証明しようとする場合である。すなわち、「哲学者は範例を示して群衆を「説得する」という自らに残された唯一の方法で、活動を開始する」（BPF: p.244, 三三八頁）。この稀な場合にのみ、哲学者じしんが「活動」に乗り出すことになり、政治の領域と哲学の領域が交差する。それは非常に「きわどい経験」であるけれども、「哲学の真理を政治的に有効にする滅多にないチャンス」なのである。

　アーレント自身は直接に論じていないが、以上のような議論にもとづけば、独立宣言文における「すべての人間は生まれながらにして平等である」という言明もまた、ジェファソン、および後の世代のアメリカ人たちが、自らの身をもってその正しさを証明すべき命題であり、歴史に残る多くの範例によって初めて、意見から真理へと上昇することができる、ということになるだろう。この言明が、すでにある事実を記述する事実確認《コンスタティヴ》的な文章ではなく、その記述によって現実を変えていく行為遂行《パフォーマティヴ》的なものである、というホーニッグの主張もまた、こうした「範例」の議論を踏まえると、より説得性を増してくることになるのではないか。

　あるいはこう言うこともできるかもしれない。ある命題を「嘘」として終わらせず、それを「現実＝本当」にするためには、その命題を「真理」にするための実践と範例が必要になるのだ、と。そして、そのような範例を作り出すためには、人々が「思考」の領域から「活動」の領域へと乗り出してくることが必要になる。後世の人々にも記憶される「範例」となるような「活動」がなされたときに、その命題は「本当」になる。そして、こうした「活動」を伴うとき、嘘は「意図的な虚偽」ではなく、「世界を変える」力をもった理想へと昇華されることになるのだ。

ここ数年、米国でブラック・ライヴズ・マター運動がさらなる盛り上がりを見せているように、今日においても、「すべての人間は生まれながらにして平等であり、その創造主によって、生命、自由、および幸福の追求を含む不可侵の権利を与えられている」という言明は、いまだに「現実＝本当」のものになったとは言い難い状況にある。だが、これまで多くの人々が自らの身を危険に晒しながらも、この宣言を現実のものとするための「活動」を重ねてきたのであり、そのなかから多くの「範例」が生まれてきた。ローザ・パークスやキング牧師、マルコムX、ジェシー・ジャクソン、オバマ大統領、ブラック・ライヴズ・マター運動を始めた三名の活動家（アリシア・ガーザ、パトリッセ・カラーズ、オーパル・トメティ）など、多くの黒人市民の「活動」が人々に記憶される「範例」となり、そうした奮闘の積み重ねのうえに、少しずつ、独立宣言の言明も実現に近づいてきたと言えるだろう。もちろんまだ多くの課題が残されていることは認めたうえで、ということになるのだが。

かように、嘘（夢、理想）と現実（本当）のはざまで奮闘し続け、「活動」し続けることにこそ、政治的なものの意義がある、と言えるのではないか。

4　村山談話という範例

以上のようにアーレントが「嘘つき」を「活動者」と重ね合わせながら論じていたことについて、デリダは『嘘の歴史 序説』の最後で、アーレントは「十分なあるいは規定的な言葉も展開もなしに、嘘の行為遂行性の問題系を素描している」と留保をつけながらも、その意義を認めて次のように評している。「嘘をつくことと活動すること、政治において活動すること、活動でみずからの自由を表明すること、事実を変容させること、未来を先取りすることとのあいだには本質的な類似性のようなものがあります。(…) 嘘とは未来なのだと、アーレントの字義の彼方で、ただしこの文脈においてアーレントの意図に背くことなく、あえて言うことができます」(デリダ 二〇一七：八五頁)。

ただしデリダは、アーレントが「事実の真理」の最終的な勝利について十分な根拠を示さずにそれを断定する「楽観主義」の立場をとっていることには懐疑の念を示している(デリダ 二〇一七：九〇頁以下)。アーレントの議論には「証言や証明という真の問題系の不在」が認められ、彼女の「事実の真理」と「理性の真理」の区別についても立証が不十分なままである(デリダ 二〇一七：八七頁)。それによってアーレントの嘘論は「自らが開くものを閉じてしまう」ように見える、というのがデリダによる評価である。

そうした留保をつけながらも、デリダは驚くべきことに、行為遂行的《パフォーマティヴ》に真理を実現していく振る舞いとして、戦後五〇周年にあたる一九九五年に村山富市首相（当時）が発表したいわゆる「村山談話」を取り上げて、これを高く評価している。村山首相は自らの名において「心からのお詫びの気持ち」をアジア諸国に対して表明したこと、彼が「自責の念の苦悩を告白し、個人的であるとともに、漠然と、とても不明瞭に、国民や国家のものである哀悼を告白」したことによって、「この告白は誠実であろうとするだけでなく、ひとつの約束として前進します、ある責務の責任をも宣言し、未来へ向けた誓約をおこなうのです」（デリダ二〇一七：四六―四七頁）。そして、「ここではおそらく歴史上初めて、国家あるいは国民の概念が、それらをつねに構成的かつ構造的に特徴づけてきたもの、すなわち潔白意識からあえて分離されているのです。その出来事がいかに不明瞭であるにせよ、そしてその動機がいかに不純なままであるにせよ、ここには人類とその国際法の、その学術と良心の歴史における進歩があります。カントなら、完成可能性へ、人類の進歩の可能性への「合図」を送る出来事のひとつをここに見たかもしれません」（デリダ二〇一七：四七頁）。

日本の保守派からは極めて評判の悪いこの談話に対して、いささかデリダの評価は高すぎるのではないか、そこにはある種のオリエンタリズムが働いているのではないかという気もするが、デリダは歴代のフランス国家元首が戦争中の罪についてこのような謝罪の表明を行ったことを強く批判し、それに対して村山首相の行った率直なお詫びの表明を高く評価するに至っている。「半世紀のあいだ、フランスのいかなる国家元首も、フランスの巨大な有罪を真に設定し、これを真実として認めることが可能で、時宜を得ており、必然的で、公正だと判断しなかったのですが、このことは私たちを考えさせ、困惑させ、あるいは動揺させます」（デリダ 二〇一七：四八頁）。

デリダによれば、フランス共和国の六人の大統領（オリオール、コティ、ド・ゴール、ポンピドゥー、ジスカール・デスタン、ミッテラン）は誰ひとりとして「人道に対する罪において有罪のフランスというこの真実の責任」を引き受けようとはしなかった。これに対してシラク大統領は初めて「占領下のフランス国家の有罪を、何百万人ものユダヤ人の強制収用、ユダヤ人の身分規定の創設、たんにナチ占領軍の強制のもとで実行されたわけではない数々の主導的な行動という点で認めた」点で評価に値する（デリダ 二〇一七：四三頁）。アーレントもまた、ド・ゴール（戦後最初のフランス大統領）やアデナウアー（西ドイツの初代連邦首相）が「フランスは先の大戦における戦勝国であり、したがって大国のひとつであるとか、「ナチの野蛮行為はわが国の比較的わずかな部分にしか及ばなかった」とかいった明白な非‐事実にもとづいて自分たちの基本政策を築き上げ」たことに言及し、「こうした嘘はすべて、嘘の張本人が気づいているか否かに関わりなく、暴力の要素を潜ませている」と厳しくこれを批判している（BPF: p.248, 三四四頁）。そのような「組織的な嘘は、否定しようと決断したすべてのものの破壊へとつねに向かう」のだと。

これに対して、いわゆる村山談話は過去の事実に対する謝罪の表明と未来の関係性に向けた約束の宣言によって、行為遂行的に真理を達成しようとする振る舞いだとデリダはこれを激賞する。「ここで私が語っているのは、国家の首長が有罪を認めることで、出来事を生み出し、その先人たちのあらゆる言語表現の再解釈を引き起こす行為遂行的な言語行為ではありません。そうではなく、こうした宣言の諸対象そのものにおいて作用している行為遂行性をなによりも強調したいのです。すなわち、いわゆる主権国家の正統性、国家の位置、責任の同定や証明は行為遂行的な行為なのです。行為遂行が成功するとき、それらは真理を生み出し、その力はときにいつまでも幅を効かせます」（デリダ 二〇一七：五三―五四頁）

かようにして行為遂行的に理想や夢、あるいは約束を現実および真理に変換していく営みこそをデリダは重視していたのであり、ホーニッグもこうしたデリダの議論を参照しながら、アーレントの独立宣言文に対する言及を行為遂行性という観点から再解釈していたのであった。宮﨑裕助が明快に解説するように（宮﨑 二〇一九：第二章）、デリダは「独立宣言」と題された講演のなかで、ジェファソンら代表者たちが宣言文に署名することによって「善良なる人民」たる「われわれ」を創出するという行為遂行性を果たしていると解釈する（デリダ 二〇一四）。アーレント自身はこのような行為遂行性について直接言及していたわけではないが、ホーニッグの解釈を介して、彼女の独立宣言文に対する言及とその後の範例的実践への言及を、嘘を現実に変換する行為遂行的振る舞いとして捉え直すことができよう。

5　活動の危険性

しかしそうなると次の疑問が出てくる。「範例」となるような「活動」を実践することによって嘘を現実に変えることをアーレントが奨励しているのであれば、それは嘘のほうに現実を合わせていく「現代的な嘘」と原理的に区別がつかないものになってしまうのではないか？　あるいはヒトラーであれスターリンであれ、彼らもまた、現実の世界のあり方に不満をもち、世界を善き方向へ変革するために、現実とは別の世界を「想像」し、その実現に向けて「活動」し、ある種の「範例」となってしまったのではないか？　アーレントが肯定する「活動のための嘘」と、ヒトラーやスターリンの唱えた「夢」あるいは「虚構」は、果たして区別可能なのだろうか？

アーレントが重視する「複数性」は、ときに排外的な極右主義者のような人物も含み込んでしまう危険性をもっている。実際に二〇一七年秋にアメリカのバードカレッジで開かれたハンナ・アーレント・カンファレンスで、主催者（ハンナ・アーレント・センター）がヨーロッパの極右政治家をパネリストの一人として招待したことが物議を醸した事件があった[4]。それと同様に、「活動のための嘘」もまた排外的な極右主義者にも開かれてしまう危険性を孕んでいるのではないか。優秀なアーリア民族であるドイツ人が支配する帝国を実現するためには、人種的に劣位な民族であるユダヤ人は根絶されなければならない、とする物語を作り出したヒトラーは、その「理想」の実現に向けて邁進していくことになった。やがてその物語が「嘘」(虚構)の領域から「現実＝本当」の領域へと移されたとき、大きな悲劇が引き起こされたのだったのだが、このようなヒトラーの「夢」もまた、世界に新たな「始まり」をもたらした「嘘」だったと言えるのではないか。

例えば森川輝一は、ヒトラーの演説もまた「活動」の一部であったという解釈にもとづいて次のように書いている。

> 活動の危うさは、誰かが何かを始め《アルケイン》、別の誰かがその成就《プラッテイン》に加わる、というその原理に由来するのだから、人間が活動する存在であるかぎり、その危険から解放されることはない。第一次大戦に敗れた後のドイツにおいて、街頭でのアドルフ某の叫びに始まり、数多の人々がその成就《プラッテイン》に加わることで膨れ上がったあの運動が、立憲政体の枠組みを食い破り、世界大戦を引き起こし、それでも止まらずに、行政的大量殺人という誰もが予測できなかった出来事を成し遂げてしまったように。(森川 二〇一七：二二頁)

街頭でのヒトラーの叫びを「活動」の始まりのうちに数え入れることが妥当か否かは、研究者のあいだでも見解が分かれるところかもしれないが、筆者は森川の見解を支持したい。ヒトラーの街頭における演説と他の政治家、あるいは民衆との討論の時点においては、それもまた「人と人との間で直接行われる営み」のひとつであったと言わねばなるまい。だが、ヒトラーが権力を握り、人々の言動を抑圧し、暴力をもって差別・迫害を始めるようになった時点で、彼の言論はもはや複数性を実現する「活動」ではなく、それを抹殺する圧政と化している。つまりこのことは、当初は「活動」として始まった営みも、その過程――森川がアルケイン－プラッテイン構造と呼ぶもの――を経るうちに、「活動」とは正反対のものに転化してしまう可能性がある、ということを意味している。森川も強調するように、このような「活動」の危険性は、「活動」の営みそれ自体の性格に由来するものである。

アーレントは必ずしも「活動」を理想的な政治的営みとして描いていたわけではない。『人間の条件』のなかで、「活動」を最重要な営みとして位置づけていたことは間違いないが、同時に「活動」には常に偶然性がつきまとっており、その偶然性はときに危険な帰結をもたらす、というのがアーレントの考えであった。彼女はこれを「活動」の「予言不可能性 unpredictability」と呼んでいる。[5]

アーレントにとって「活動」とは、「物や事柄の介入なしに直接人と人との間で行われる唯一の営み」であり、その人間的条件は「複数性 plurality」であるから、ひとつの「活動」にはつねに他者からの「反応」が返ってくる。そしてその反応がまた別の誰かによる反応を生み、というかたちで、一度始まった「活動」の過程は次々と連鎖していき、それがどの時点でどのように終わるかは予測不可能である。「活動」によってもたらされた「始まり」はひとつの「過程 process」となり、次の「反応 reaction ＝再活動 re-action」を引き起こす。この過程には際限がなく、コントロール不可能である。

例えば、誰かとの対話が非常にうまく運んで有意義な結果をもたらすこともあれば、それが口論や喧嘩へと発展することもあるだろう。ときには仲違いや恨み合いという帰結をもたらすこともあるだろう。意見の複数性を重視すると言えば聞こえは良いが、実際には意見の異なる者どうしで議論を始めた場合、それが友好的で生産的なものに終わることはむしろ稀で、なかなか合意に達することができず、議論が並行線に終わる場合のほうが多いだろう。「複数性」の重視とは、自分と意見の異なる他者との共存を認めるということにほかならないが、これは決して容易なことではない。[6]「活動」は必ずしも理想的なコミュニケーション的行為ではなく、それがしばしば「受難」をもたらすというのは、アーレントが強調したところであった。

活動者 actor はつねに他の活動者の間を動き、他の活動者と関係をもつ。だから活動者というのは、「行為者」であるだけでなく、同時につねに受難者 sufferer でもある。行うことと被害を蒙るということは、同じ硬貨の表と裏のようなものだからである。そして、活動によって始まる物語は、活動の結果である行為と受難によって成り立っている。
(HC: p.190, 三〇七頁)

それゆえに「人間というのは、自分たちが活動によって始めた過程については、どんなものでもそれを元に戻すことはできず、それどころか、その過程を安全にコントロールすることさえできない」(HC: pp.232-233, 三六五頁)。こうして、「ほかならぬ自由を本質とする能力において、またその存在を人間にのみ負っている領域においてこそ、人間は最も不自由に見える」(HC: p.234, 三六七頁)。アーレントの政治における嘘論を考察する際にも、こうした「活動」の両義性を常に念頭に置いておかねばならない。「すべての人は生まれながらにして平等である」という言明を「現実=本当」に変えるための活動・実践も、こうした偶然性と危うさにつねに開かれているのであり、それがソクラテスやナザレのイエスのような優れた範例となるのか、ヒトラーやスターリンのような悪しき範例となるのか、それをあらかじめ予測することはできないし、どちらの場合にも、それが判明したときに結果を元に戻すことはできない。[7] そうした偶然性と危うさと責任を引き受けながら、われわれは「活動」へと乗り出していくほかない。

6　嘘を制限するもの

ただし、このような「活動」と「嘘」の親和性（類似性）には「人間の活動能力に開かれた事物の本性そのもの」による制限がある、とアーレントは付け加えている。もし嘘をつく者が自分が理想とするイメージにとらわれて、嘘をつくことによって、過去および現在に関する事実（事実の真理）を改変したり、それを消し去ったりすることができると考えているならば、それは完全なる誤りである。「活動に開かれているのは、過去（…）でもなければ、過去の結果としての現在でもなく、未来であ」って、もし「過去や現在が未来の一部であるかのように扱われるとすれば（…）政治的領域はその主要な安定的な力だけでなく、変化をもたらすための、すなわち何か新しいことを始めるための、出発点を奪われることになる」（BPF: p.254, 三五二頁）。

つまり、新しいことを始めるために、現状の世界のあり方に「ノー」を言うこと、あえて現状と違うことを言うこと、そのような「嘘」が「活動」のためには必要とされるとしても、その嘘がわれわれの立つ大地としての「世界」を破壊するものであってはならない。そのような嘘はわれわれが何かを始めるための出発点、そして「活動」のための舞台を破壊するものであってはならない。もしそのような嘘を続けるとすれば、われわれが拠って立つ大地が掘り崩されてしまい、われわれの方向感覚やリアリティの感覚が破壊されてしまうことに繋がるだろうからである。「過去と現在が潜在的可能性に変えられてしまうと、まったく不毛な絶え間のないごまかしと言い逃れが始まる」(BPF: p.254, 三五二頁)。

言い換えれば、世界を変えるための「嘘」、あえて現実とは異なる「夢」や「理想」を語る嘘においても、つねに「事実の真理」への尊重がなくてはならない。そのような「活動」がたえず、政治の外部にある「真理の領域」から制限を受けていることを認識しておかねばならない。そのような制限と条件を無視した嘘、すなわち事実の否認・歪曲・隠蔽は、やがて「世界」および「活動」そのものをも破壊するに至るだろう。われわれが未来に向かってジャンプする際に、その土台となる大地(世界)なくしてはそうできないからである。ここでもやはり、前章に述べた政治を外部から条件づける「真理の領域」が重要な意味をもってくる。

実際には、ある政治的活動者が現状とは異なる世界へ向かうべきだと主張し始めたときに、それが「世界を変える嘘」であるのか「世界を破壊する嘘」であるのかを見極めることは容易なことではない。おそらく活動者本人にもその区別がついていないであろう。ほぼすべての活動者は良き方向に「世界を変える」ことを目指してその理想や夢を語っているはずだからだ。その理想が現実化するか嘘で終わるか、現実化するとしてもどのようなプロセスでそうなるのかを前もって予測することは不可能である。それゆえに、それぞれの「活動」が「事実の真理」を尊重するものであるかどうかについてのチェックがつねに必要になってくる。これも前章の最後に述べたように、そのチェックを担うのは政治の外部に属する専門家たち（ジャーナリスト、研究者、司法関係者、芸術家など）である。

ペンタゴン・ペーパーズ流出事件に際しても、政府の圧力に屈せず、その機密文書を公開した『ニューヨーク・タイムズ』や『ワシントン・ポスト』のジャーナリストたちの力によって、政府による嘘が暴かれた功績は大きい。それによって「イメージづくり」のための嘘というジョンソン政権やニクソン政権の振る舞いには厳しい判定が下されることになった。アーレントはこの点について自由報道《フリー・プレス》の重要性を強調しながら、次のように述べている。

政府が隠そうと虚しい努力を重ねていた文書を公衆が長年にわたって知っていたということは、報道機関のもつ誠実さと権力を『ニューヨーク・タイムズ』が暴露したやり方よりももっと強力に証明している。これまでたびたび示唆されてきたことが、いまや確立された感がある。すなわち、報道機関は、自由で腐敗していないかぎり、途方もなく重要な機能を遂行するのであり、統治の第四部門と呼ばれてしかるべきものである。それがなければあらゆる意見の自由は残酷な捏造に堕してしまう。（CR: p.45, 四三頁）

こうして報道機関が「途方もなく重要な機能」として、政治権力をチェックし続けない限り、政府は容易に腐敗し、悪しき嘘をつき続けるようになってしまうだろう。未来の可能性は「活動」に開かれているが、過去と現在に関しては「事実の真理」を確定する地道な「仕事」が必要となる[8]（「活動」と「仕事」の補完関係については第6章で改めて詳述する）。

また『ニューヨーク・タイムズ』がペンタゴン・ペーパーズに関する記事を掲載すると、ニクソン大統領はこれを「国家機密文書の情報漏洩である」として、司法省に命じ、記事の差し止め命令を求める訴訟を連邦地方裁判所に起こした。しかし一審では訴えが却下され、控訴審のワシントン連邦高等裁判所で訴えは認められたものの、連邦最高裁判所での上告審では「政府は証明責任を果たしていない」という理由で訴えは再び却下された。ここでは司法（裁判所）が、政府の行為をチェックし、それに対する判定を下しているわけである。

かように「政治の領域」と「真理の領域」はつねに緊張関係をはらみながら、相互に牽制し合うと同時に相互を支え合う関係にある。繰り返しておけば、「活動」は未来に向かっては開かれているが、過去と現在の事実に向かっては開かれていない。「活動のための嘘」が世界を良き方向へ変える始まりとなりうるのか、あるいは世界を破壊する悪しき始まりとなるのか、その紙一重のラインをわれわれは見極めていかねばならない。

第4章
言語の破壊

1　議論の空転化

ジョージ・オーウェルのディストピア小説『一九八四年』に登場する〈真理省〉の建物には、三つのスローガンが掲げられている（オーウェル 二〇〇九：二八頁）。

戦争は平和なり／自由は隷従なり／無知は力なり

これらのスローガンはいずれも矛盾した、意味をなさない文章である。戦争と平和、自由と隷従、無知と力はそれぞれ反対の意味をもつ言葉であり、それらがイコールで結ばれているることなどありえない。だが党本部の狙いはこうした標語を掲げることによって、言語の機能を麻痺させることにある。政府によってこうした矛盾命題が流布される世界では、人々はもはや何が正しく何が間違っているのか、まともな判断を下すことができなくなる。従来、自由とされてきたものが隷従とされ、隷従とされてきたものが自由とされる。このような世界では、われわれはもはや自由が何であるかという共通理解をもつことさえできなくなるだろう。

こうした世界において、人々が唯一判断の根拠とできるのは党の発表だけである。党がこれは戦争だと発表すればそれを戦争と受けとめ、党がこれは自由だと発表すればそれを自由と受け止める。ただそれだけであって、各人が自立した思考や判断を働かす余地はほとんどない。しかも党による発表はその時々の状況に応じてコロコロと変わる。昨日までこれは戦争だとされていたものが、今日にはこれは平和だとされることも十分ありうる。人々は党の見解に応じて、素早く自らの思考を修正し、党の見解と自らの思考を一致させなければならない。その調整に乗り遅れた者は、すぐさま〈思考警察〉によって逮捕されるだろう。すでに第1章で紹介したように、このような思考のあり方は〈二重思考〉と呼ばれている。

> 実に単純なこと。必要なのは自分の記憶を打ち負かし、その勝利を際限なく続けることだけ。それが〈現実コントロール〉と呼ばれているものであり、ニュースピークで言う〈二重思考〉なのだ。（オーウェル 二〇〇九：五六頁）

実際われわれもまたこのような〈二重思考〉を働かせざるをえないような政治状況を生き

始めているのではないか。その影響を最も受けているのは、間違いなく、政府のもとで働く官僚の人々であろう。その時々の政権の意向に応じて、公文書を書き換え、あるいは隠蔽・破棄し、アクロバティックな方法で野党からの質疑・批判を交わす答弁を考案しなければならない。「忖度」なる語が流行したことも記憶に新しい。こうした状況では、実際には何が起きていたのか、という「事実の真理」の記録は二の次の問題になる。こうした状況への批判的思考が失われ、〈二重思考〉が一般の人々にまで及んだとき、『一九八四年』で戯画的に描かれていた〈全体的支配〉は現実のものとなるだろう。われわれの社会では、もはやディストピア小説と現実の境目が曖昧になりつつある。

二〇二〇年一月二八日の衆議院予算員会で、「桜を見る会」問題に関する質疑応答において、安倍首相（当時）が「(参加者を) 募ってはいるが、募集はしていない」と答弁したことが物議を醸した。この発言の真の問題は、それが首相の愚かさを示していることよりも、むしろこうした矛盾した無意味な発言がなされることによって、言葉の機能それ自体が麻痺させられる効果を持ってしまうことのほうにある。意識的にか無意識的にか、首相および閣僚が不誠実な答弁を繰り返すことによって作り上げてきたのは、言葉による議論そのものがほとんど意味を失ってしまうという状態であった。日本語の機能を麻痺させ、さらにその機能を徐々に破壊していくという点においては、安倍政権は実に巧みな成果をあげてきた。

野党がいくら政権を論理的に責め立てても、十分な効果をあげられなかった理由のひとつもそこにある。現在の国会ではもはや言葉による議論が無効化しているのである。菅官房長官（当時）による記者会見での対応もその典型だが、投げかけられた質問や批判に対して誠実に回答するという態度そのものを放棄することによって、安倍政権は言葉のやりとり（議論）そのものが無駄なものなのだというメッセージを言外に発してきた。それによって、アーレントが「活動」と名づけたところの言葉を用いた議論・対話は完全に脱臼させられてしまう（保守政治家を名乗る首相が日本語の伝統的な機能を次々破壊していくというのは、本来実に倒錯した事態であるが）。

労働研究者である上西充子は、昨今の自民党政権による国会質疑での言い逃れやごまかしを「ご飯論法」と名付けることを提唱している。[1] それは例えば、「朝ご飯は食べたか」という質問に対して、「ご飯」という言葉を故意に狭い意味に捉え、「ご飯（米）は食べていない（が、パンは食べたかもしれない）」と答えるといった不誠実（不適切）な回答方法を意味する。上西は自らの twitter で昨今の国会質疑でのやりとりを次のように喩えてみせる。[2]

Q「朝ごはんは食べなかったんですか？」
A「ご飯は食べませんでした（パンは食べましたが、それは黙っておきます）」
Q「何も食べなかったんですね？」
A「何も、と聞かれましても、どこまでを食事の範囲に入れるかは、必ずしも明確ではありませんので：」
Q「では、何か食べたんですか？」
A「お尋ねの趣旨が必ずしもわかりませんが、一般論で申し上げますと、朝食を摂る、というのは健康のために大切であります」
Q「いや、一般論を伺っているんじゃないんです。あなたが昨日、朝ごはんを食べたかどうかが、問題なんですよ」
A「ですから：」
Q「じゃあ、聞き方を変えましょう。ご飯、白米ですね、それは食べましたか」
A「そのように一つ一つのお尋ねにこたえていくことになりますと、私の食生活をすべて開示しなければならないことになりますので、それはさすがに、そこまでお答えすることは、大臣としての業務に支障をきたしますので」

こうしたやりとりをえんえんと続けるうちに、だんだんと質問追及をしている側が疲れてくる。そもそも相手がまともに答える気がないのだから、どれだけ有力な証拠を揃えて、相手を追い詰めようとしても無駄なのである。ここには空虚な、表面上の言葉のやりとりだけがあり、そこに実質的な対話は成立していない。回答者の意図は、故意に質問の意図をずらして解釈し、誠実な回答を逃れ続け、会話を空転させ、時間切れを狙うことにある。

こうした態度に質問者は激怒し、いっそう追及の度合いを強めようとするのだが、いつまでたってもまともな議論が成立しない。そのようなやりとりを長く見せられていると、国民の間でも「いつまで国会で無駄なやりとりを続けているんだ。もっと話し合うべきことがあるだろう」という雰囲気が高まってくる。本来は不誠実な回答をしている回答者（政権側）が責められるべきなのだが、次第に批判と質問を繰り返す質問者（野党側）に対しても、「野党はいつまでくだらないことで揚げ足取りばかりしているのだ」という不満が国民から寄せられるようになる。これが安倍政権のもとで繰り返されてきたやりとりである。

繰り返すが、このような不誠実な的外れの答弁を繰り返すことによって、安倍政権が成し遂げてきたのは、対話・議論の無効化であり、言語の無効化である。まともな議論を機能させなくすること。質問に対して、その意味を正しく把握したうえで回答しなければいけない、という基本的な道徳（ルール）を破壊すること。野党や記者からの質問・批判に真摯に答えなければならない、という義務から解放されること。そうした質疑の場をほとんど無意味な回答の繰り返しによって空虚化させること。そして最終的に、この人にはもはや何を言っても無駄だ、まともな対話を試みようとするほうが損だ、と思わせること。それこそが政権の狙いであり、そしてまさにその狙い通りに実現してきたことである。[3]

今日の日本で生じているポスト真実的状況は、このような言語機能の無効化、対話の無効化という政治状況と深く結びついている。

2 言葉の破壊とともに失われるもの

先に挙げた事例に加えて『一九八四年』が秀逸であるのは、党本部が人々の監視を徹底させるだけでなく、「言語の破壊」をも目指しているという設定を設けている点である。党本部は、従来の標準英語である〈オールドスピーク〉を、新たな言語としての〈ニュースピーク〉に置き換えようとしている。その設定は次のように説明される。「一九八四年の段階では、話し言葉にせよ書き言葉にせよコミュニケーションの手段としてニュースピークだけを使うものはまだいない」が、「ニュースピークは二〇五〇年頃までにはオールドスピーク（すなわちわれわれの言う標準言語）に最終的に取って代わる」と見られている（オールウェル 二〇〇九：附録一頁）。その目的達成のために、目下、ニュースピークの辞典が作成されており、人々の言語は徐々にオールドスピークからニュースピークへ移行することが想定されている。

主人公ウィンストンの友人で、ニュースピーク辞典の編纂を担当しているサイムは、熱っぽく次のように語る。

麗しいことなんだよ、単語を破壊するというのは。言うまでもなく最大の無駄が見られるのは動詞と形容詞だが、名詞にも抹消すべきものが何百かはあるね。無駄なのは同義語ばかりじゃない。反義語だって無駄だ。つまるところ、ある単語の反対の意味を持つだけの単語にどんな存在意義があるというんだ。一つの単語にはそれ自体に反対概念が含まれているのさ。いい例が〈良い〉だ。〈良い〉という単語がありさえすれば、〈悪い〉という単語の必要がどこにある？　〈非良い〉で十分間に合う（…）。（オーウェル　二〇〇九：八〇―八一頁）

サイムの主張はある意味で合理的である。現在の言語には多くの無駄な言葉があるではないか。多様な修飾語など不要である。また、同じ意味を表す異なる言葉も不要である。〈良い〉の反対は〈非良い〉であり、そうすれば〈悪い〉という単語を一つ削ることができる。同様に、〈素晴らしい〉とか〈申し分ない〉といった形容詞も、〈超良い〉という単語に置き換えることができるから、削ることができる。そうやって無駄な言葉を削り、最小の単語だけでコミュニケーションする方が、効率的に決まっているではないか？　「最終的には良し悪しの全概念は六つの語――実のところ、一つの語――で表現されることになる。どうだい、美しいとは思わないか、ウィンストン？」とサイムは語りかける。

だが言うまでもなく、これは恐るべき事態である。われわれ人間は、言葉によって世界を認識し、言葉によって物事を考える。「言葉は存在の家である」とハイデガーが述べたのもその意味においてであった（ハイデッガー 一九九七：一八頁）。われわれの認識・感情・思考は多彩な言葉によって構成される。その言葉が効率性のためだけに削減・圧縮され、別の言葉に置き換えられていくならば、それと同じだけ、われわれにとっての世界もわれわれの存在自体も貧しいものになっていくであろう。そしてまさにそれこそが党の狙いでもあるのだ。

二〇五〇年までに――たぶんそれより早くに――オールドスピークについての実際的な知識はすべて消えてしまうだろう。過去の文学はどれも破棄されてしまう。チョーサー、シェイクスピア、ミルトン、バイロン――それらはみんなニュースピーク版でしか存在しなくなる。何か別物に変わっているというに留まらない。元のものとは事実上矛盾するものへと変わっているのだ。党の文学でさえ変わるだろう。スローガンでさえもね。自由という概念がなくなってしまったときに、〈自由は隷従なり〉というスローガンなど掲げられるはずもない。思考風土全体が変わるのだよ。実際、われわれが今日理解しているような思考は存在しなくなる。正統は思考することを意味するわけではない。その意味するところは思考する必要がないこと。正統とは意識のないことなのだ。

（オーウェル 二〇〇九：八三頁）

言語が破壊されるとき、それにあわせて各々の言葉に対応する概念や感覚も破壊される。「自由」という言葉が失われれば、それにあわせて「自由」という概念もまた失われる。こうして党は言語の破壊を通じて、国民を自分たちに都合の良い存在に生まれ変わらせることができる。つまり「ニュースピークの目的はイングソックの信奉者に特有の世界観や心的習慣を表現するための媒体を提供するばかりでなく、イングソック以外の思考様式を不可能にすること」にあるのだ[4]（オーウェル 二〇〇九：附録一頁）。人間は言語をつうじて世界を認識し、思考を行い、他者と対話する。ゆえに、言語が破壊されるとき、われわれの認識や思考や対話も同時に歪められ、破壊されることになるのだ。言語の破壊は世界の破壊でもある。

サイムは続けてこう語る。

分かるだろう、ニュースピークの目的は挙げて思考の範囲を狭めることにあるんだ。最終的には〈思考犯罪〉が文字通り不可能になるはずだ。何しろ思考を表現することばがなくなるわけだから。必要とされる概念はそれぞれたった一語で表現される。その語の意味は厳密に定義されて、そこにまとわりついていた副次的な意味はすべてそぎ落とされた挙句、忘れられることになるだろう。すでに［ニュースピーク辞典の］第十一版で、そうした局面からさほど遠からぬところまで来ている。（オーウェル 二〇〇九：八二頁）

先に述べたように、政権の不誠実な答弁の繰り返しによって、日本語の機能が麻痺させられ、言葉による議論が無効化された先に生じるのも、おそらくこのような事態であろう。言語の破壊によってわれわれは知らぬ間に認識や思考や対話や表現の幅を狭められ、いつの間にか〈自由〉を失うことになるのだ。あるいは自分たちが〈自由〉と思っていたものがいつの間にか〈隷従〉に変質しているという事態に気づくことになるのだ。政府を批判する言葉、批判する発想すら、いつの間にか奪われているということになるかもしれない（思考犯罪の不可能化）。しかしこれはなんとしてでも、避けなければならない事態である。首相の愚かさを嘲笑しているだけでは済まないのである。

3　フェイクニュース！

アメリカでも同様の「言語の破壊」が進行している。

そのことは例えば、トランプ大統領（当時）がＣＮＮや『ニューヨーク・タイムズ』の報道を指して「フェイクニュース！」という言葉を投げかける場面に典型的に見て取ることができる。もともとトランプ陣営に有利な虚偽報道を批判するために、ＣＮＮや『ニューヨーク・タイムズ』をはじめとするリベラル系メディアが「フェイクニュース」という用語を使い始めたのにもかかわらず、トランプ大統領はこれを逆手にとって、むしろ自分たちを批判するそれらの報道こそが「フェイクニュース」だとやり返したのである。ここでは「フェイクニュース」という言葉がもともと持っていた意味が転倒され、攻撃の矛先がひっくり返されている。羞恥心もなく、このような言葉の転倒を行うトランプ大統領の振る舞いは、われわれを戸惑わせる。まるで『不思議の国のアリス』の世界のように、そこでは天と地が逆転し、真実と嘘が逆転しているように見える。そのような転倒した世界で正論を叫んだところで、一体何になるというのか？

ここでもまたトランプ大統領の言動がもたらすのは「言葉の破壊」であり、言葉によって構成されるわれわれの「世界」の破壊である。こうして言葉の慣習的な意味を正反対で用いることによって、言説に混乱をもたらし、言説の意味自体を失効させてしまうという戦略は、やはり『一九八四年』における矛盾した標語（「戦争は平和なり」「自由は隷従なり」「無知は力なり」）と同じ効果をもたらしている。言語的コミュニケーションを根本から破壊し、「もはやこの人に何を言っても無駄だ」という印象をわれわれに抱かせるのである。

ミチコ・カクタニ『真実の終わり』第五章「言語の乗っ取り」でも同様の点が指摘されている。カクタニは言う。「さらにトランプは、「ほら吹きのテッド」「不正なヒラリー」「おかしなバーニー」等、自分自身が身に覚えのある悪事をそのまま相手に被せて非難する、邪《よこしま》な癖を持っている。彼は「より良い未来に値する人間ではなく、票としか有色人種を見ていない」クリントンを責め立て、「ロシア人と民主党員たちの間で大規模な共謀があった」と告発した」（カクタニ 二〇一九：七八頁）。周知のとおり、実際にはロシアのプーチン政権との間に共謀があったと疑われているのはトランプ陣営のほうであり、「ほら吹き」「不正な」「おかしな」といった形容詞が用いられるべきなのはトランプのほうであった。しかし、トランプはそのことを承知のうえで、あえてその非難を転倒させて敵方に浴びせかけることで、議論を混乱させ、元の非難を無効化させようとしている。そして彼はその目論見にかなりの程度まで成功しているのだ。

カクタニは、トランプ大統領が民主党陣営に対してのみならず、「英語という言語に対して」攻撃を仕掛けたのだと見ている。「トランプの支離滅裂さ（ねじれた構文、発言の撤回、不誠実な言葉、二枚舌、扇動的な大言壮語）は、彼が創りあげ、生き甲斐とするカオスの象徴でり、嘘つき用工具一式の中でも不可欠の道具である。彼のインタビュー、テレプロンプターなしの演説、ツイートは、侮辱、絶叫、自慢、余談、無理な推論、留保、説教、当てこすりの驚くべきごた混ぜだ。人を脅迫し、平然と騙し、分裂を煽り、スケープゴートにするいじめっ子としての取り組みになっている」（カクタニ 二〇一九：八一頁）。

重要なのは、トランプ大統領のこうした不埒な発言を、倫理的にあるいは論理的に咎めようとしても、ほとんど大した効果をあげられない、ということである。繰り返しになるが、このような振る舞いをする人物の前では、言葉を用いた議論じたいが骨抜きにされてしまう。

それゆえ、ある意味では、こうした恥知らずな言動を堂々と行う政治的指導者は無敵に見える。どのような攻撃も彼に有効なダメージを与えない。あるいは有効な打撃をすでに十分に与えているにもかかわらず、いつまで経っても死なないゾンビのようである。かつての政治家に対しては有効に働いてきた批判の数々が、彼にとっては何の意味も持たないようなのだ。

これに類似した事態は日本でも生じている。社会学者の倉橋耕平が指摘するように、日本のネット右翼はしばしば、「ヘイトスピーチ」「プロパガンダ」「メディア・リテラシー」「全体主義」などの用語を、本来の定義と反転させて用いる（倉橋 二〇一九）。例えば、安倍政権への批判を「ヘイトスピーチ」と呼び、マスメディアの報道に隠されている「反日」的要素を暴く行為を「メディア・リテラシー」と呼び[6]、左派の主張を「プロパガンダ」と呼び、反論を受けつけないリベラル派の姿勢を「全体主義」と呼ぶ、といった具合である。これらの用語はいずれも、もともとリベラル派・左派によって権力批判（反体制）の言葉として用いられてきたものだったが、ネット右翼はそれを反転させて、これを体制側がリベラル派・左派を攻撃するための用語として活用するのだ。それによって自分たちに投げかけられた非難をかわし、逆に相手にそのダメージを負わせようとする。倉橋は、ネット右翼の言説の一例として、批評家の西村幸祐の次のような記述を紹介している。

現在の反日メディアは、ハンナ・アーレントの言葉を借りれば、日本を〈客観的な敵〉と規定する全体主義である反日ファシズムのプロパガンダ機関に過ぎないのである。〈反日ファシズム〉とは、マルクス主義崩壊後も、東アジアで冷戦構造を保とうとする全体主義であり、さらに、同質的な価値観、均一した思考で日本という国家の枠組みを破壊する全体主義と定義できる。かくて、日本を愛する人々や日本そのものに日夜報道テロが行われることになるのである。（倉橋 二〇一九：一一九頁）

驚くべきことに、ここではアーレントの言葉が引かれながら（!）、日本のマスメディアが「日本を〈客観的な敵〉と規定する全体主義である反日ファシズムのプロパガンダ機関」と規定される。全体主義、ファシズム、プロパガンダなどは、もともと体制（権力）側を批判するために左派が用いていた概念であった。だが倉橋が言うように、「現代の右派は、そもそも自分たちが最も嫌う「サヨク」の言葉を自らの武器とする」[7]。ここでも（本人たちがどれだけ意識しているかは別として）ネット右翼たちは日本語の伝統的・慣習的な意味を断ち切り、それを反転した意味合いで用い、それによって左派を攻撃するだけでなく、日本語の機能そのものを破壊することに寄与している。先の安倍政権と同じく、ここでも本来、伝統や慣習を尊重すべき保守・右派が、日本語の伝統的機能を破壊するという倒錯した事態が生じている。

それぞれの政治的状況は異なるものの、トランプ政権およびその支持者（オルタナ右翼）と、安倍政権およびその支持者（ネット右翼）たちが押し進めている「言語の破壊」こそが、今日のポスト真実問題に付随することを見逃してはならない。

4　活動と言論

アーレントは『人間の条件』のなかで、「活動」を次のように定義した。それは「物あるいは事柄の介入なしに直接人と人との間で行われる唯一の営み」であり、その営みは「複数性 plurality という人間の条件、すなわち地球上に生き、世界に住むのが一人の人間 Man ではなく、複数の人間 men であるという事実に対応している」と（HC: p.7, 二〇頁）。人が他者と共同して行う営み、それによって人間が複数的であることが確証される営み、それが「活動」である。そしてこのような「活動」こそが政治の中心にあるものでなければならない。なぜなら「この複数性こそ、全政治生活の条件であり、その必要条件であるばかりか、最大の条件である」（HC: p.7, 二〇頁）からだ。

また「活動」とは、それによって何か新しいことを「始める」営みでもある。「「活動する」というのは、最も一般的には「創始する」「始める」という意味である」（HC: p.177, 二八八頁）。他者との共同行為によって、何かそれまでになかったものが生まれ、予想もできなかった方向へ物事が動き始める。それによって世界に新たな「始まり」がもたらされる。このようにして、「活動」によって世界に「始まり」をもたらす能力を、アーレントは自発性 spontaneity と呼んでいた。さらにアーレントはアウグスティヌスを参照しつつ、この「始まり」を「出生」という現象と結びつけて論じる。[8]「活動がすぐれて政治的な営みである以上、可死性ではなく出生性こそ、形而上学的思考と区別される政治的思考の中心的なカテゴリーであろう」(HC: p.9, 二一頁)。

かようにアーレントが「活動」において「複数性」と「自発性」を重視する背景には、彼女が全力で批判した全体主義が、まさにこの「複数性」と「自発性」を廃棄し、それを「同一性」と「必然性」に置き替えようとする運動だったという事情がある。アーレントにとって全体主義とは、テロルを用いてイデオロギーを実現することにより、人間の複数性と自発性を廃絶しようとする政治体制であったと定義しておくことができる(百木 二〇一九a)。それゆえ、「イデオロギーとテロル」によって人々の「複数性と自発性」をかき消そうとする傾向が現れてきたとすれば、その政治体制は全体主義的なものである可能性が高い。

加えてアーレントは、「活動」という営みが「言論 speech」と密接に関わり合っていることを繰り返し強調する。すなわち、「私たちは言葉と行為によって自分自身を人間世界のなかに挿入する」のであり、この挿入は「第二の誕生」とでも呼ぶべきものである。「この挿入は、労働のように必要によって強制されたものでも、仕事のように有用性によって促されたものでもない。それは、私たちが仲間に加わろうと思う他人の存在によって刺激されたものである」（HC: p.177, 二八八頁）。この活動と言論によって、各人の「ユニークな差異性」が明らかにされるとともに、各人は「言論と活動をつうじて、単に互いに「異なるもの」という次元を超えて抜きん出ようとする。つまり言論と活動は、人間が物理的な対象としてではなく、人間として相互に現れる様式である」（HC: p.176, 二八七頁）。

人間は「活動と言論」をつうじて「人間世界」に挿入され、それによって公的な場に「現れる」ことができる。この公的な場ではすべての言動が他者によって見られ、聞かれることになる。その言動をつうじて、各人の「誰 who」が暴露され、人々の「複数性」が確証される。そのようにして「複数性」を保ちつつも、粘り強く対話と議論を続け、共存の術を見出していくことこそが「政治」であるとアーレントは考えていた。逆にそうした「活動と言論」の結びつきが損なわれたとき、われわれの政治は危機に陥るだろう。

言語が破壊され、言葉（言論）によって構成される認識・思考・対話が損なわれるとき、われわれの「共通世界」や「公共性」もまた損なわれる。同時にそれは、われわれの「複数性」と「自発性」を担保する「活動」という営み（他者との関わり）をも損なわせ、ひいてはわれわれが人間であるゆえんをも損なわせてしまうだろう。結果として、そのような政治状況はわれわれの「人間の条件」そのものを損なわせるものにも繋がりかねない。そしてそれこそが、かつて全体主義が目指そうとした状態であったのだ。[9]

今日のポスト真実的状況において、「政治」を境界づける「真理」が軽んじられるだけでなく、「政治」の前提たる共通の「事実」認識も危ういものとなり、さらには「活動」と不可分の「言論」（言葉）までもが破壊されつつある。為政者がおそらく半分は意識的に、残り半分は無意識的に押し進めているポスト真実的状況において、「言論」と密接に結びついた「活動」はほとんど不可能なものとなり、「活動」のための条件としての「共通世界」は破壊・分断され、「政治」は空転し始めることになる。

「言論なき活動」についてアーレントは次のように述べていた。

言論なき活動がもはや活動ではないというのは、そこにはもはや活動者がいないからである。活動者すなわち行為者は、彼が同時に言葉の話し手である場合にのみ可能なのである。彼が始める活動は、言葉によってこそ、人間に理解できるように暴露される。たしかに彼の行為は、言葉を伴わなくても、その獣的な肉体の外形から理解されるだろう。しかし、その行為を意味のあるものにするのは、ただ語られる言葉だけである。なぜなら、この言葉によって、行為者は、自分を活動者として認め、自分が何をするか、何をしたか、何をするつもりであるかということを知らせるからである。（HC: pp178-179, 二九〇頁）

今日でも、共通の事実認識を持ち、共通言語を用いる者のあいだでは、つまり同じ党派の者のあいだでは、十分対話と議論は成り立つだろう。しかしそこからは真の「複数性」や「自発性」は生まれてこない、というのがアーレントの考えである。真に「複数性」と「自発性」が成り立つためには、意見の異なる者どうしが「共通世界」の上に立って、その意見を交換し合わなければならない。それによって初めて、人々の「複数性」が確証されるとともに、対話を始める前には予想することのできなかった出来事が生じ、新たな「始まり」がもたらされることになるのだ。

5　決まり文句と悪の凡庸さ

アーレントは一九六四年にギュンター・ガウスから受けた有名なインタビューのなかで、第二次世界大戦の悲劇を経て、最終的に何が残り何が失われたと思うかと問われて、「残ったものは言語です」と答えている（EU: p.12, 一八—二九頁）。とりわけ母国語が残ったのであり、それは自分の思索にとって決定的に重要なものであり、他の言語では代わりがきかないものなのだ、と。自分の知り合いには、英語やフランス語をはじめとする外国語を器用に使いこなす人も多くいるが、そうした人々の言葉は往々にして「決まり文句《クリシェ》」が次から次へと続く」ようなものになってしまい、母国語において有していた生産力が失われることになってしまう(EU: p.13, 一八―一九頁)。

この発言は直ちに、『エルサレムのアイヒマン』における考察を思い起こさせる。そのなかでアーレントは、元ナチスSSの高官であったアドルフ・アイヒマンが、組織内の昇進という極めて凡庸な動機から、数百万人のユダヤ人虐殺に罪の意識なく加担したという「悪の凡庸さ」を分析しながら、彼が裁判や取り調べのなかで「決まり文句」を多用したことに着目していた。

> アルゼンチンやエルサレムで回想録を記しているときでも、警察の取調官に、あるいはまた法廷でしゃべっているときでも、彼の述べることはつねに同じであり、しかもつねに同じ言葉で表現した。彼の語るのを聞いていればいるほど、この話す能力の不足が、思考する能力――つまり誰か他の人の立場に立って考える能力――の不足と密接に結びついていることがますます明白になってくる。アイヒマンとはコミュニケーションが不可能だった。それは彼が嘘をつくからではない。言葉と他人の存在に対する、したがって現実そのものに対する最も確実な防壁で取り囲まれていたからである。(EJ: p.49, 六八―六九頁、強調は引用者)

アイヒマンが「決まり文句」を多用したことは、彼の「話す能力の不足」が「思考する能力の不足」――アーレントはこれを「誰か他の人の立場に立って考える能力」と言い換えているが――と密接に結びついていたこと、それゆえに、彼が他者とコミュニケーションを取る能力を欠いていたことを示している。アイヒマンは大組織のなかで業務に関する調整を重ね、何万人ものユダヤ人を効率的に輸送することについては極めて高い能力を発揮したけれども、意見や立場の異なる者と対話することについては全くその能力を欠いていた。加えて、アイヒマンが「言葉と他人の存在に対する、したがって現実そのものに対する最も確実な防壁で取り囲まれていた」とアーレントが表現していることは興味深い。アイヒマンが法廷のなかで防護ガラスによって仕切られ、裁判を傍聴する人々から遠ざけられていたように、彼は「言葉と他人の存在」からも「現実世界」からも「確実な防壁」によって遠ざけられていたとアーレントは見ていた。このような「現実」からの乖離は、アーレントが「現代的な嘘つき」および全体主義支持者の特徴として挙げていたものでもあった。

三浦隆宏（二〇二〇）も指摘するように、決まり文句の脅威について、アーレントはすでに一九五四年発表の「理解と政治（理解することのむずかしさ）」のなかで次のように述べていた。すなわち、「闘いのために用いられる言葉」は言論《スピーチ》の資格を失い、思考を停止させる「決まり文句」になる。そして、そのような「決まり文句が私たちの日々の言葉や議論に浸透するその度合い」が「私たちがどれだけ言論の能力が奪われているか」を決定するのであり、「私たちの議論を終わらせる」ために「暴力という手段に訴える用意がどれだけできているかを知る指標となる」。つまるところ、「暴力は言論の終わるところに始まる」(EU: p.308, Ⅱ一二三頁)のであり、言論の能力を奪うことは「洗脳」にも繋がっていきやすい。

かようにアーレントは、「活動と言論」の結びつきこそが政治を構成するのであり、言語の機能が損なわれることは、その営みに致命的な影響を与えていると考えていた。先の引用箇所で述べられていたように、「アイヒマンとはコミュニケーションが不可能だった」のは、「彼が嘘をつくから」ではなく、彼が「言葉と他人の存在」に対する、したがって「現実そのもの」に対する結びつきを失っていたからである。アイヒマンが他者と対話する能力をもっていなかったことと、他者の立場に立って思考する能力をもっていなかったことは、同じ事柄を指しているというのがアーレントの考えであった。

繰り返すが、今日のポスト真実的政治の問題は、単に政治家たちが嘘をまき散らすことだけにあるのではない。政治家たちが不誠実な発言を繰り返すことによって、あるいはその支持者たちが言葉を本来とは正反対の意味に使うことによって、言葉の機能が麻痺させられ、意見の異なる者のあいだでまともな対話や議論が成り立たなくなることが深刻な問題なのである。それとともに、政治にたずさわる者のあいだで約束を守る態度——約束は守らなければならないという基本的なルールや倫理——が損なわれてしまうことも、重大な影響を及ぼす。言語はわれわれが世界を認識するうえでの根源的なメディア(媒介物)である。その言語がまともにわれわれの間で機能しなくなったとき、われわれは政治について語りあう術を失ってしまう。立場が違えど、「共通世界」を保持するために議論をしているという「共通《コモ》感覚=常識《ンセンス》」が失われてしまうのである。

オーウェル『一九八四年』の終盤では、反政府地下運動に身を投じていた主人公ウィンストンが、総帥オブライエンに捕らえられ、精神的拷問と洗脳を受けた末に、ついに自由意志を失い、〈ビッグ・ブラザー〉の軍門に下る。その象徴として描かれるのが、まさにウィンストンがまともな言語能力を喪失する行為なのである。

彼は考えが頭に浮かぶままに書き留め始めた。まず、大きく不恰好な字でこう書いた
——

自由は隷従なり。

それから、ほとんど間を置かずに、その下に書き足す——

二足す二は五である。

(…)

彼は何もかも受け容れたのだ——過去は改変可能である。過去が改変されたことはない。オセアニアはイースタシアと戦争をしている。オセアニアはこれまでずっとイースタシアと交戦状態にあった。ジョーンズ、エアロンソン、ラザフォードの三人は告発通り、有罪である。彼らの罪を否定する写真など見たことはない。そのような写真は存在せず、自分が捏造した。それとは反対の記憶を持っていたことを覚えているが、それらは自己欺瞞から生まれた虚偽の記憶なのだ。すべては何とたやすいことだろう！ 降伏さえすればいい、後はすべてなるようになっていく。(オーウェル 二〇〇九：四二九—四三一頁)

これは象徴的なシーンである。ウィンストンは言語能力を喪失する(自由は隷従なり)とともに、真理を認識する能力と倫理を喪失し(2+2=5)、それとともに全体主義体制に抵抗する気力をも失っていく。

『一九八四年』の序盤には、ウィンストンが自分の正気を保つために2+2=4という数式を日記に書きつけるシーンが出てくる。「自由とは二足す二が四であると言える自由である。その自由が認められるならば、他の自由とはすべて後からついてくる」(オーウェル 二〇〇九：一二五頁)。アーレントもまた「理性の真理」の例として2+2=4を挙げていたが(第2章参照)、それはおそらく『一九八四年』におけるこうした記述を意識してのことであろう。その反対に、「2+2=4」という「理性の真理」すらも崩れたとき、あらゆる真実／真理は基盤を失い、社会はその正常さを失っていく。

まともな言語機能を失うとき、われわれは同時に論理的思考能力や約束を守る能力や政治的誠実さや基本的な倫理観をも失う。われわれは言葉によって世界を認識し、言葉によって考え、言葉によって他者と対話するのだから、われわれが言葉を失うとき、われわれはそれらのすべてを失い、公共的世界もまた損なわれるのである。[10]

第5章
共通世界の喪失

1　サイバーカスケード現象

ここ数十年のインターネットの普及とともに知られるようになった「エコーチェンバー」や「フィルターバブル」と呼ばれる現象がある。

「エコーチェンバー現象」とは、近しい意見を持つものどうしがSNSなどで同質的なコミュニケーションを繰り返すことによって、特定の信念が増幅または強化される現象をいう。エコーチェンバーとはもともと音楽の録音用に建設された残響室を意味する言葉だが、そこから転じて、閉じられた空間のなかで特定の意見が反響することによって、偏りをもった意見ばかりが増幅して聞こえるようになる現象を指すようになった。例えば、リベラルな考えをもつ人の間ではリベラルな意見が増幅され、保守的な意見をもつ人の間では保守的な意見が増幅されて聞こえる。それによって、同じ政治的志向をもつ人の間での意見共有は加速的に進むが、他方でそれとは異なる声がほとんど聞こえなくなってしまう。

「フィルターバブル現象」とは、ウェブサイトのフィルター機能によって、各ユーザーがまるで「泡《バブル》」に包まれたように、自分が見たい情報しか見えなくなる現象をいう[1]（パリサー 二〇一六）。例えば、グーグルなどの検索サイトは、ユーザーが日々どのようなワード検索を行っているか、どのページを多く訪れているか、などの履歴を蓄積してそのユーザーの趣味嗜好を自動的に分析し、そのユーザーが好むであろう検索結果を表示するようになっていく。アマゾンが注文履歴にもとづいてユーザーが購入しそうな商品を先回りして表示することや、YouTube が視聴履歴にもとづいてユーザーの視聴しそうな動画を表示することはよく知られていよう。そうしたフィルター機能によって、ユーザーは自らが好ましいと感じる情報や意見ばかりを目にするようになり、自らの好むサービスをいっそう享受しやすくなる。逆に自分にとって不快な情報や意見は目に入りにくくなる。

こうしたエコーチェンバー現象やフィルターバブル現象によって、人々の間で「分断化」および「分極化」が進んでいる、という警告を発しているのが、アメリカの法学者キャス・サンスティーンである（サンスティーン 二〇一二・二〇一八）。インターネットが登場した当初、それは多様な人々との出会いや多様な意見の表明を可能にするものとして、強い期待をもって受けとめられていた。しかし、インターネットが世界中に普及すればするほど問題となってきたのは、それが人々の多様な結びつきを広げるよりもむしろ、人々の間の分断を深める方向に機能するようになってきているということであった。サンスティーンはこの現象を

「分極化」と呼び、考えや思想を同じくする人々がインターネット上で強力に結びついた結果、異なる意見を一切排除した、閉鎖的で過激なコミュニティを形成する現象を「サイバーカスケード」（集団極性化）と呼んでいる。

SNSの発展に伴うこれらの社会現象は民主政治に重大な影響をもたらす、とサンスティーンは警告する。これらの現象は、われわれが自分とは異なる意見をもつ人と出会うことや、自分にとって不快な（あるいは無関心な）情報と出会うことを妨げる。それによって、われわれが多様な意見や立場を反映させながら、政治的な合意形成へと到達することを不可能にする。インターネットは、政治的志向を同じくする人々の間で情報を共有しあい、特定の方向にむかって意見をより強固にしていくことや、敵対する相手を集団で攻撃することには大きく役立つが、敵対する相手と議論を交わし合い、それによって相手の立場を理解し、自分の立場を修正したり、あるいは相手に歩み寄ったりすることによって、多数の視点を反映させた合意形成に向かうことにはほとんど役立たない。むしろそれを妨げる効果のほうが大きい。というのが、ここ十年ほどで露わになってきたインターネットをめぐる政治状況である。これはほとんどの国でも同じような現象が起きていると言っていいだろう。

サンスティーンによれば、一九六〇年の米国では、自分の子供が支持政党以外の相手と結婚したら「不満」だと答えたのは、共和党員の五％、民主党員の四％に過ぎなかったが、二〇一〇年にはこの数字はそれぞれ四九％と三三％にまで上昇している。また子供が肌の色の違う相手と結婚したら「不満」だと答えた人の割合は、そうでない人の割合を大きく上回った。このような「政治的分断」のすべてをインターネットのせいにすることはできないが、しかし断片化したメディア市場がその大きな要因の一つであることは間違いない、とサンスティーンは述べている（サンスティーン 二〇一八：一七―一八頁）。

インターネットによってわれわれがアクセスできる情報源の数は増加し、コミュニケーションの選択肢も増加した。有効に利用すれば、インターネットは自分が普段出会わないような人、自分とは異なる生活スタイルを送っている人や、違う価値観を持つ人と出会う機会を無数に提供してくれる。しかし実際に生じているのは、あまりに多すぎる選択肢、あまりに多すぎる情報に直面したときに、ほとんどの人はその過剰な情報と選択肢にフィルタリングをかけ、それによって自分にとって心地よい情報や意見だけが入ってくるような環境を作ってしまうという現象である（サンスティーン 二〇一八：八七頁以下）。つまり、インターネットの発達とともに情報や選択肢が無限に増えた結果として、人々は逆説的にその情報や選択肢を狭めるような設定を行い、かえって自分と異なる意見や価値観を持つ人と出会う機会を減らしてしまうという状況が生じている。

サンスティーンが実証例を示しながら述べているところでは、「インターネットとソーシャルメディアに関しては、考えの似た人々の集団が集団内で討論すると、一般に討論する前に考えていたのと同じことを――より過激な形で――結局は考えるようになる」（サンス

ティーン 二〇一八：九三頁）。また「ソーシャルメディアは、人々が考えの似た他人の意見で（事実上）自分を取り囲み、対立する意見から自分を隔離することを容易にする。そういう理由だけで、ソーシャルメディアは分極化の温床となり、民主主義にとっても社会の平和にとっても潜在的な危険をはらむ」（サンスティーン 二〇一八：九〇頁）。そして、こうした傾向は「控えめに言って、民主主義の観点から望ましくない」（サンスティーン 二〇一八：九六頁）。それゆえに、サンスティーンはインターネットのフィルター機能を個々人が無制限に利用することを戒め、日常的に自分とは異なる考えや、自分にとって耳障りな情報に否応にも触れることを皆が経験し、それについての対話を始められるような公的空間を再評価することが必要だ、と訴える。

2　公共空間における出会い

こうした苦境と対峙するにあたってサンスティーンが着目しているのは、公共空間《パブリック・フォーラム》の役割である。彼が念頭に置いているのは街路や公園などの空間であり、市民がそこで集会や演説やデモを行うことができる空間である。サンスティーンは米国の連邦最高裁が二〇世紀初めに出した判決文を引用している。

街路と公園の権限がどこにあろうと、それらの場所は太古より、公衆が使用できるようにその管理が委託されてきており、大昔から集会を開き、市民のあいだで考えを伝え合い、公共問題を話し合うために使われてきた。街路と公共の場のこのような用途は、昔から市民の特典、免責事項、権利、そして自由であり続けてきた。(サンスティーン 二〇一八:五〇頁)

こうした公共空間は、(1)演説者がさまざまな人々に接近する機会を提供するとともに、(2)批判対象となる人々や機関への接近を可能にし、また(3)多様な人々が多様な意見に広く触れる可能性を高める。われわれは街を歩いているとき、公園を通りかかったときに、たまたま集会や演説やデモをしている集団に出会い、思いがけず何らかの政治的主張を見聞きすることがあるだろう。署名を求められることもあるかもしれない。そのような主張に接して、共感したり、応援したいと思うこともあれば、不快に感じたり、反論したくなることもあるだろう。そのテーマに関して熱い想いを持った人であれば、その人々と口論になることもあるかもしれない。善かれ悪しかれ、公共空間は政治問題をめぐるそのような人々の出会いと接触を可能にする。

それがときに不快な経験をもたらすとしても、われわれが多様な政治的意見に接する機会を実現する点において——「予期しない」触れ合いと「望まない」触れ合いの両方を実現する点において——価値がある、とサンスティーンは考える。例えば家庭内暴力やジェンダー差別や人種差別や水道民営化など、われわれがそれまで関心を持っていなかった、あるいはそのような問題が存在することすら知らなかった政治的テーマについて、演説や集会やデモを行っている集団に接することによって、その後われわれの意識が何らか変容することがあるかもしれない。家に帰ったあとに、テレビや新聞でその問題に関するニュースを見かけたときは、いつもより注意深くそのニュースから情報を得ようとするかもしれない。

こうした経験を可能にする公共空間が現代において改めて意義を持つのは、先に述べたエコーチェンバー現象やフィルターバブル現象とは違って、われわれが普段関心を持たない社会問題や、耳障りに感じる情報や、自分とは異なる政治的主張に触れることを可能にするからである。いまや自分のtwitterやfacebookのタイムラインを見ているだけでは、自分にとって心地良い意見や賛同しやすい意見ばかりが目に入ってくることになる。

例えば、親トランプ派の人々の間ではトランプ政権に肯定的な情報とトランプ批判者に否定的な情報ばかりが入ってくる。反トランプ派の人々の間ではそれと正反対のことが起こる。それによって、両者のあいだの心理的な距離はますます広がってしまう。すると親トランプ派にとっての反トランプ派、反トランプ派にとっての親トランプ派は、まともに議論する相手ではない——相手は間違った事実認識のもとに極端な主張を行うまともでない人々だ——

という認識が強まってしまう。両者のあいだではそもそも世界の認識の仕方——つまりは世界のあり方——が根本的にズレているので、まともな議論が成立しない。それぞれが「事実」(真実)だと信じていることが異なっているので、議論の共通土台が成立しないのである。アーレント流に言えば、「共通世界」が成立し得ないために、「活動」もまた成り立たないのである。

これに対して、公共空間は物理的に多くの人々に共有される空間であるために、好むと好まざるとにかかわらず、多様な意見や価値観を持つ人々と偶然的に出会うことを可能にする。SNS時代にはこの偶然の出会いこそが意義をもつ、とサンスティーンは言う。

演説者側にとっては、パブリックフォーラム論はこうして〝雑多な市民に広く接する権利を生み出す〟。聴衆側にとっては、公共空間は、厳密には権利ではなく、たぶん歓迎されないかもしれない機会を生む。〝すなわち多様な意見や苦情を訴える多様な演説者と触れ合う、共有される機会〟である。触れ合いが共有される点を強調することは重要だ。多くの人が同じ意見や苦情に同時に触れて、最初はわざわざ聞こうとしなかったかもしれない意見や苦情と出会う人もいるだろう。事実、意見や苦情にさらされることはたいていの場合、しゃくに障ること、あるいはもっとひどいことと見なされるだろう。(サンスティーン 二〇一八:五四頁)

しかしこうして「たいていの場合、しゃくに障ること」があるとしても、やはり街路や公園などの公共空間において、自由な政治的発言を行う権利は認められるべきだ、とサンスティーンは主張する。このような公共空間とそれによって実現される多様な意見の交わりこそが、アメリカの民主主義（あるいはサンスティーンが強調するところの共和主義）を下支えするのである。

さらに興味深いのは、サンスティーンが公共空間《パブリック・フォーラム》と言うときに、公園や街路などの物理的空間だけでなく、テレビやラジオや新聞や雑誌などの大衆メディアをもそこに含めて、その機能を再評価していることである。なぜなら、これらの大衆メディアは、人々が共通の情報に触れる経験を作り出すとともに、各人にとって「予期せず選んでもない情報との出会い」を可能にするからである。「当座の目的にとって重要なのは、大衆メディアは最良の状態にあるとき、人々をさまざまな話題や見解に触れさせ、同時に雑多な講習に経験を共有させるという点である」（サンスティーン 二〇一八：六〇頁）。ときには大衆メディアが偏向した報道を行い、人々に間違った情報を与える危険性も否定はできないが、インターネットがこれだけ発達した現代においては、人々に情報共有の土台を提供する大衆メディアを再評価すべきだ、というのがサンスティーンの考えである。

3　活動のための空間

アーレントもまた複数的な人々との出会いと対話を可能にするための場としての「公共空間」の役割を重視していた。アーレントは「自由とは何か」のなかで、複数的な「活動」のためには公共的な空間が必要であるとして、次のように述べている。

自由 freedom は単なる解放 liberation に加えて、同じ状態にいる他者と共にあることを必要とし、さらに、他者と出会うための共通の公的空間 public space、いいかえれば、自由人誰もが言葉と行いによって立ち現れうる政治的に組織された世界を必要とした。
(BPF: p.147, 二〇〇頁)

「自由」を実現するためには、他者の存在と公共的な空間の両方が必要とされる。対等な関係にある人々が公的な場に現れ、共通の問題について語り合いを始めたときに、そこに「政治」が生まれる。その空間がどのような場所であるかということも話し合いの内容や質にも影響を与えるだろう。それが古い議事堂なのか、学校の教室なのか、現代的なビルの一角なのか、はたまた街の広場なのか。その空間の物質性が、話し合いの雰囲気やそこに集まって来る人の種類などに影響を与えるだろう。[2] アーレントはこの公共空間を「政治的に組織された世界」と呼んでいる。

またアーレントは『人間の条件』のなかで、「公的《パブリック》」には二つの意味があるとして次のように論じている。

> 第一にそれは、公に現れるものはすべて、万人によって見られ、聞かれ、可能な限り最も広く公示されるということを意味する。私たちにとっては現れがリアリティを形成する。この現れというのは、他人によって私たちによっても、見られ、聞かれるなにものかである。(HC: p.50, 七五頁)

> 第二に、「公的」という用語は、世界そのものを意味している。なぜなら世界とは、私たちすべての者に共通するものであり、私たちが私的に所有している場所とは異なるからである。(…) ここでいう世界は、人間の工作物や人間の手が作った製作物に結びついており、さらに、この人工的な世界に共生している人々の間で進行する事象に結びついている。(HC: p.52, 七九頁)

つまり、公的なものを構成するのは、万人によって見られ聞かれるという経験と、われわれが共有する世界という二つの要素である。われわれが共有する人工的空間（＝世界）に人々が集って、異なる意見を交わし合うこと、それこそが公的な営み（＝活動）であるとアーレントは考えていた。ここで、その公共空間が人間の手による製作物によって形成されることが強調されていることから、アーレントが想定していたのは、人々が同じ時間と場所を共有しながら、対面で話し合う経験であったことが分かる。

興味深いことにアーレントはこれを、テーブルを囲んで話し合うことに喩えている。[3]

世界のなかに共生するというのは、本質的にはちょうど、テーブルがその周りに座っている人々の間に位置しているように、事物の世界がそれを共有している人々の間 between にあるということを意味する。つまり世界は、すべての介在物 in-between と同じように、人々を結びつけると同時に人々を分離している。（HC: p.52, 七八—七九頁）

同じテーブルを囲んで別々の席につく。するとわれわれはテーブルを介して互いに結びつきながら、それぞれ異なる視点を保持し、かつ互いに一定の距離を保っていることになる。こうした「介在物」を通じて、共通の関心事《コモン》について異なる意見を交わし合うことこそが、公共性と複数性の実現であるとアーレントは考えた。「介在物」としての「世界」はわれわれを隔てつつ、関係させる。同時にそれは、われわれが共通のテーブルを囲んでおり、共通の目的のもとに時間と場所を共にしているという実感を作り出す。

インターネットで実現しにくいのは、まさにこのような「活動」のあり方である。インターネットは良くも悪くも、人々を直接的《ダイレクト》に結びつける。そこでは物理的な距離が無効化され、われわれは介在物なしに他者と直面しなければならない。公的空間と私的空間の境目がなくなるなかで、他者との適切な距離を保ちながら、問題関心を共有し、かつ複数性を保った議論を重ねていくことは容易ではない。[4] そうしたときにわれわれは、物理的な公共空間および人々を「結びつけつつ分離する介在物」の重要性に改めて気づくのではないか。

「世界」がわれわれを結びつけるだけでなく、同時に分離させてもいるというテーゼは、アーレントの政治思想にとって重要である。なぜなら、人々を適切な距離に保つ介在物がなくなるときに、われわれはひとかたまりの「一者 One Man」になってしまうからである。それが典型的に現れるのは全体主義支配においてだが――「全体的テロルは、人間たちをぎゅうぎゅう締めつけることによって、彼らの間の空間をなくしてしまう」(OT, p.466, Ⅲ三三二―三三三頁)――、それに類似した状況は現代の大衆社会においても生じている。

共通世界としての公的領域は、私たちを一緒に集めるけれども、同時に、私たちがいわば身体をぶつけ合って競争するのを阻止している。大衆社会をこれほど耐え難いものにしているのは、それに加わっている人間の数のためではないし、少なくともそれが第一の理由ではない。それよりも、人々の介在者であるべき世界が、人々を結集させる力を失い、人々を関係させると同時に、分離するその力を失っているという事実こそ、その理由である。(HC: pp.52-53, 七九頁)

つまり現代の大衆社会では、「介在物としての世界」あるいは「政治的に組織された世界」が失われているために、人々が公共的な話し合いを行うための適切な距離が失われている。それゆえにわれわれは他者と完全に隔てられているか、あるいは距離なく一体的に結びつけられているか、の二択を迫られることになる。アーレントはこうした状況を、彼女が生きていた当時の大衆社会に見ていたわけであるが、二一世紀を生きるわれわれからすれば、これらの記述は今日のインターネット社会で生じている集団分極化現象《サイバー・カスケード》を予見したものであったように感じられる。

SNS時代には、同じ嗜好や価値観をもつ人々との結びつきは極めて強くなるが、他方で異なる嗜好や価値観をもつ人々との隔たりは極めて遠くなる。そこに存在しているのは、それぞれに異なる世界認識と政治的主張をもった〈島宇宙〉であり、それらの〈島宇宙〉はばらばらに点在しているだけであって、互いに交わることがない。言い換えれば、それらの〈島宇宙〉を結びつけると同時に分離するような「共通世界」が存在しない。当初、複数のコミュニティを結びつけて、多様性を活性化させるネットワークを作り出すかのように見えたインターネットというメディアは、もはやそのような「介在物」としての機能を失い、社会の分断を加速させるための装置になってしまったように見える。

こうした状況において、政治的分断がますます深まるのも当然のことである。ジェイミー・バートレットも『操られる民主主義』のなかで、今日のネット社会のもとで政治的な「再部族化《リ・トライバリゼーション》」が進んでいるという見解を示している（バートレット 二〇一八：第二章）。ここ数十年間、「限られた情報の世界」から「情報があり余る世界」への転換が起こった結果、「圧倒的な情報オプションを備えた断片化《フラグメンテーション》の時代」が到来した。それに伴って、「既成の主流メディアのニュースがバラバラになり、ニセ情報の急増によって、偏った個人の先入観に合わせてニュースソースを自分の都合どおりに改編できるようになった。無限のコネクティビティーに目を向ければ、自分と同じような人間や考えを見つけ出し、ともに群れることができる」（バートレット 二〇一八：五五頁）。無限の多様性に開かれているはずのネット社会で、われわれは個別の「部族」に引きこもり、もはや「世界」を共有しなくなっている。

4　世界疎外

このようにして現代人のあいだで共通世界が失われていく現象を、アーレントは「世界疎外 world alienation」と呼び、それが近代という時代を象徴する現象なのだと彼女は考えていた。「マルクスの考えたような自己疎外ではなく、世界疎外こそが近代の品質証明なのである」(HC: p.254, 四一一頁)。安定的で永続的な「世界」から疎外されていくこと、それに代わって、流動的で画一的な「社会」に晒されていくことこそが、近代人の背負う困難である。すなわち、アーレントにとって「世界」は独特の意味合いを持った用語である。

共通世界は、私たちがやってくる前からすでに存在し、私たちの短い一生の後にも存続するものである。それは、私たちが、現に一緒に住んでいる人々と共有しているだけでなく、以前にそこにいた人々や私たちの後にやってくる人々とも共有しているものである。(HC: p.55, 八二頁)

われわれが生まれる前からこの「世界」は存在しており、それは前世代の人々によって担われてきた。またわれわれが死んだあとにもこの「世界」は存続し、次の世代がそれを引き継ぐ。人間の生は有限で儚いものであるが、「世界」は不死的なものとして持続する。だからこそ「世界」はわれわれに安定した住まい《ホーム》を提供すると同時に、個々の生を超えた公的な意味を提供する空間となる。「世界」は多くの人工物によって構成されるが、それによって不安定な人間の生に安定性を与えるという役割も持っている。

世界の物は、たしかに人間が生産し、使用するものである。しかし、世界の物がその人間から相対的に独立しているのは、この耐久性のおかげである。しかも世界の物は、それを作り使用する生きた人間の貪欲な欲求や欲望に対し、少なくともしばらくの間は抵抗し、「対立し」、持ちこたえることができる。それは、世界の物の「客観性」のゆえである。この観点から見ると、世界のものは人間生活を安定させる機能を持っていると言える。(HC: p.137, 二二四―二二五頁)

こうして「世界の物」が人間から独立した客観性と耐久性を持つがゆえに、われわれはそれらの物と結びつくことによって、自らの生を安定させ、自己同一性《アイデンティティ》を保つことができる。「人間は同じ椅子、同じテーブルに結びつけられることによって、その同一性、すなわちアイデンティティを取り戻すことができるのである」(HC, p.137, 二二五頁)。言い換えれば、「人間世界のリアリティと信頼性は、何よりもまず、私たちが物によって囲まれているという事実に依存している」（HC: p.95, 一五〇頁）。その反対に、「人間の工作物は、安定性がなければ、人間にとって信頼できる住まいにはならない」（HC: p.167, 二六三頁）。

それゆえ、われわれが「世界」から疎外されるとき、われわれの生は不確かなものとなり、過去と未来に対する長期的な視座を失い、他者との適切な距離を保つことが難しくなるだろう。そしてわれわれが「意見」は違えど、同じ「世界」に暮らしているという感覚を持つことが難しくなるだろう。そのなかで人々はそれぞれの私的《プライベート》な空間に閉じこもり、公的なもの《パブリック》（共通《コモン》なもの）への関心を失っていくだろう。だからこそ、アーレントは近代における「世界疎外」を公共性の危機と捉えたのである。

より正確に言えば、近代の「世界疎外」状況において、われわれは安定的な住まい（私的空間）と「活動」のための舞台（公的空間）の両方を失うことになる。「世界」はわれわれの私的領域と公的領域の両方にまたがるものであるからだ。こうして、近代化とともに「世界」が損なわれていくいっぽうで、登場してくるのが「社会」である。

西洋の伝統では公的領域（ポリスの領域）と私的領域（オイコスの領域）の区別が自明の理とされていたが、近代以降にはその境界線が曖昧なものとなり、公的領域に私的なものが、私的領域に公的なものがそれぞれ流れ込むようになる。例えば、生命〔生活〕の維持や経済的繁栄など、伝統的には私的領域に分類されてきた要素が政治的な関心事になり、他者との対話や議論という伝統的には公的領域に分類されてきた要素が私的なもの（親密圏におけるお喋り）になる。

社会が勃興し、「家族《オイキア》」あるいは経済行動が公的領域に侵入してくるとともに、家計とかつては家族の私的領域に関連していたすべての問題が「集団的」関心となったからである。現代世界では、公的領域と私的領域のこの二つの領域は、実際、生命過程の止むことのない流れの波のように、絶えず互いの領域のなかに流れ込んでいる。

（HC: p.33, 五四―五五頁）

こうして成立する「社会的なもの《ソーシャル》」の領域は、流動的であるとともに画一的な性格を帯びている。「画一主義は社会に固有のものであり、それが生まれたのは、人間関係の主要な様式として行動 behavior が活動 action に取って代わったためである」（HC: p.41, 六五頁）。ここでいう「行動」とは、複数性と偶然性に開かれた「活動」とは異なり、統計的にパターン把握可能な振る舞いを指す。その典型が経済学的行動（例えば利益最大化・費用最小化のための行動など）である。「社会」においては、個々人の営みは統計的な数字に還元され、複数性は平均的なパターンからの「逸脱」としてしか捉えられなくなる。こうした状況において、近代人は画一的な群れ（動物的存在）と捉えられることになり、そこでは人の複数性は完全に無視されることになる。「あらゆるタイプの社会に見られる一枚岩的な性格、ただ一つの利害とただ一つの意見しか許さないという画一主義は、結局のところ、ヒトの一者性《ワンネス》にもとづいている」(HC: p.46、七〇頁)。

以上から、安定的で永続的な「世界」と流動的で画一的な「社会」、それに対応する複数性と同一性という対比を描いておくことができる。前者から後者への移行、すなわち「世界疎外」の進行と「社会的なもの」の勃興が近代化を特徴づけているというのがアーレントの大きな見立てであった。その進行に伴って、近代人は画一的な「大衆《マス》」へと化していく。そして介在物が消失する「大衆社会」では、複数的な意見を交わし合う「活動」は不可能なものとなり、人々は「体をぶつけ合って競い合う」ほかなくなる。こうして現代社会では世界性とともに公共性と複数性が失われ、人々は動物的な存在(労働する動物)になっていく。「もうひとつ、もっと重大で危険な兆候がある。それは、人間がダーウィン以来、自分たちの祖先だと想像しているような動物種に自ら進んで退化しようとし、そして実際にそうなりかかっているということである」(HC: p.322、五〇〇頁)。

こうした議論は、いっそう流動性を増した二一世紀のインターネット社会にもよく当てはまる。ただし現代社会では、社会全体が画一化するというよりも、社会がいくつかの集団に断片化され、それぞれの集団が「世界」を共有することなしに「体をぶつけ合っての競い合い」をしている状況にあると見るべきだろう。物質性を欠いたヴァーチャル空間であるインターネット、そのなかでも特に発展を見せるSNS（ソーシャル・ネットワーキング・サービス）は、まさに「社会的《ソーシャル》なもの」の極致である。そこでは公的領域と私的領域の区別がなくなり、物の実在性《リアリティ》がなくなり、あらゆるものが極めて流動的かつ画一的になる。一見多様な意見や活発な議論が飛び交っているかのように見えるが、そのほとんどは記憶されず、数週間も経てば跡形もなく消えてしまう。ただただ日々タイムラインが流れていくだけである。こうした「社会的なもの」の拡張が「共通世界の喪失」を後押ししているのだ。

5　世界のリアリティ

ところで「世界」のリアリティは、物の耐久性だけによって担保されているわけではない。共通世界の条件のもとでリアリティを保証するのは、何よりもまず「立場の相違やそれに伴う多様な観点の相違にもかかわらず、すべての人がいつも同一の対象に関わっているという事実である」（HC: pp.57-58, 八六頁）。先に述べたテーブルの例のように、同じ対象を共有しつつ、それに対してそれぞれに異なる視点を保持しているという状況こそが、公共性を実現するとアーレントは考えていた。いわば、「世界の共有」と「複数の視点」の両方が揃っていることが、公共性および複数性の条件なのである。

別言すれば、公的領域のリアリティは「無数の観点と側面が同時的に存在すること」に依拠しており、そこに「共通世界がその姿を現す」（HC: p.57, 八五頁）。こうして、「共通世界はすべての人が集う場であり、そこにいる人々は誰もが異なる位置を占めている」（ibid.）。そして、「他人によって見られ、聞かれることが重要であるのは、すべての人がみなこのようにそれぞれに異なった立場から見聞きしているからである。これが公的生活の意味である」（HC: p.57, 八五―八六頁）。

その反対に、「対象が同一であるということがもはや認められないとき、あるいは、大衆社会に不自然な画一主義が現れるとき、共通世界はどうなるだろうか。そのような場合には、人々の共通の本性をもってしても、共通世界の解体は避けられない」（HC: p.58, 八六頁）。このような共通世界の解体は「すべての人がもはや自分以外の人と同意できないほど根本的に孤立している場合に起こる」（HC: p.58, 八六―八七頁）。それは専政 tyranny のもとで、あるいは大衆社会や大衆ヒステリーのもとで起こるのだが、「その場合には、すべての人が突然、まるで一家族のメンバーであるかのように行動し、それぞれが自分の隣人の観点を拡張したり、拡大したりする」（HC: p.58, 八七頁）。このとき人々は「完全に私的」な存在になる。アーレントにとって、私的 private であるとは「万人に見られ聞かれる」経験を奪われている deprived ことを意味する。

つまり、彼らは他人を見聞きすることを奪われ、他人から見聞きされることを奪われる。彼らはすべて、自分の主観的なただ一つの経験のなかに閉じ込められる。そして、この経験は、たとえそれが無限倍に拡張されても単数であることに変わりない。共通世界の終わりは、それがただ一つの側面のもとで見られ、たった一つの観点において現れるときに、やってくるのである。(HC: p.58, 八七頁)

ここで描かれている「共通世界の終わり」もまた、今日のインターネット社会で生じているエコーチェンバー現象やフィルターバブル現象、そしてサイバーカスケード現象とポスト真実現象を予見するものであるかのように感じられないだろうか。われわれが「共通世界」あるいは「介在物」を喪失したときに、われわれは同時に公共的な空間を失ったことになり、さらに複数的な「活動」に参加する機会を失い、他人から見られ聞かれる経験を失う。そして誰もがそれぞれの私的な空間にこもり、自分と視点を同じくする人とだけインターネットを介して繋がり合い、自分と視点の異なる人との交わりを絶ってしまう。このとき、世界に関する「事実《ファクト》」もバラバラのものとなり、ましてや普遍的な「真理《トゥルース》」など成立し得なくなってしまう。そして集団分極化された世界のなかで、互いへの罵り合いだけが延々と続く。そこではアーレントが理想とした複数性と公共性は決定的に損なわれる。

（…）出現の空間がなく、共生の様式としての活動と言論に対する信頼がなければ、自分自身のリアリティ、自分自身のアイデンティティも、周りの世界のリアリティも樹立できないことは疑いない。（…）世界は万人に共通のものである。これは世界の唯一の性格であり、世界が万人に共通であればこそ、私たちはリアリティを判断することができるのである。（HC: p.208, 三三三―三三四頁）

現代社会に欠けているのは、まさにこのような共有物《コモン》としての「世界」であり、それに伴うリアリティであり、そこで異なる視点と意見を持った他者との「活動」である。意見の異なるもの同士を結びつけつつ分離する「テーブル」が消失しているのだ。そうした状況では、われわれは「互いに身体をぶつけ合って競い合う」ほかなくなる。

インターネット上には実に多様な意見が溢れている。そこでは「多様性《ダイバーシティ》」が実現されているように見える。しかし、それはあくまで人々が公的空間（世界）を共有しないままに、別々の空間（島宇宙）において、バラバラに意見を発し合っているだけでしかない。そうした状況では、いつまで経っても議論はかみ合わず、対話はすれ違っていく。それは到底、アーレントが理想とした「複数性」や「公共性」の姿ではない。

サンスティーンも述べている。「共和国、少なくとも異質的な共和国は、さまざまな経験と期待を携え、何が善で何が正しいかについて異なる意見を持つ市民が顔をつき合わせて相談する場を必要とする」（サンスティーン 二〇一八：三四七頁）。ポスト真実時代に欠けているのは、何よりもこのような議論のための公共空間であり、「世界」をめぐる事実の共有である。

サンスティーンは『#リパブリック』の最終章で、次のJ・S・ミルの言葉を引いている。「現在のように人類の発展の度の低い状態においては、人間をして、自分たちとは類似していない人々と接触させ、自分たちが慣れている行動の様式とは違った思考および行動の様式と接触させるということは、ほとんどその価値を過大に評価することができないということである。（…）このような交通は、いつの時代にも進歩の第一次的源泉のひとつであったが、とくに現代においてはそうである」（J・S・ミル『経済学原理』）。

定期的に「自分たちとは類似していない人々」と接触し、自分たちが慣れているのとは違った思考および行動の様式に強制的に触れてみる機会をもつこと。そのような「交通」の機会こそが、人類が進歩する機会をもたらすのだとミルは考えていた。多くの場合、そうした経験はあまり愉快なものではないだろうが、それでも社会の多様性を保つためには、そのような機会をもたらすための工夫が必要なのだ。それが公共空間《パブリック・フォーラム》の役割であろうというのがサンスティーンの意見であった。ポスト真実の時代に失われているのは、まさにそのような公共空間＝共通世界なのである。

第6章

ポスト真実に抗う「公共物」

1　公共物をめぐる政治

ボニー・ホーニッグは『公共物』（原題は*Public Things*、未邦訳）と題された近著のなかで、アーレントとウィニコットの議論を接続しながら、公共的なモノ（公共物）が民主主義に果たす役割について論じている。ウィニコットはイギリス出身の小児科医・精神科医・精神分析家であり、対象関係論（object relations theory）の領域で広く知られているが、アーレントと結びつけて論じられることは稀であろう。公共物という概念を介して、この二人の議論を結びつけ、さらにそれを現代民主主義の活性化に繋げようとしたところにホーニッグの独創性があるわけだが、彼女はウィニコットの対象関係論を手がかりとしながら、アーレントが十分に展開することのなかった公共物についての思想を、アーレントに代わって展開しようとしている。

例えば、ホーニッグが参照しているのは、ウィニコットの「移行対象 transitional object」

に関する議論である。「移行対象」とは、乳幼児が特別の愛着を寄せる毛布、タオル、ぬいぐるみなどの対象物を指す。いわゆる「ライナスの毛布」として知られる「安心毛布security blanket」という概念を提唱したのもウィニコットである。乳離れの段階で幼児が母親との分離というストレスフルな状況に置かれるなかで、母親や乳房の象徴的代理物としての毛布やタオルやぬいぐるみなどに愛着を寄せることによって、幼児は情緒の安定を保つことができる。またこうした対象は、幼児が母子未分化な状態から分化した状態への移行を促すという機能も持っている。こうして、毛布やぬいぐるみなどの物に特別の愛着を示すことで、幼児は母親からの分離を遂げ、ひとり立ちへのステップを歩み始める。

このようなウィニコットの議論を踏まえたうえで、アーレントの公共性論を振り返るとき、われわれは新たな気づきを得ることができる。すなわち、われわれはウィニコットを経由することによって、アーレントも対象関係論者の一人として見なすことができるのではないか(Honig 2017: p.37)。例えば、アーレントの「世界」や「介在物」に関する議論を対象関係論の観点から再評価できるのではないか。実際にアーレントは、「世界の物」がその「客観性」ゆえに不安定な人間の生を安定させる機能を持っていると述べている(HC: p.137, 二二五頁)。幼児が毛布やぬいぐるみを母の代理物と見なすことによって精神的な安定性を得るように、われわれもまた耐久的な人工物と結びつくことによって、精神的な安定性を得るとともに、「活動」を実践する舞台としての「共通世界」を確保することもできる。この共通世界は、人々を結びつけつつ分離する「介在物」としての役割を果たすのだった。
こうした「世界」や「介在物」に関するアーレントの議論を「公共物」という概念から捉え返し、それを現代民主主義の再活性化に繋げようとするのがホーニッグの試みである。こうした公共物こそが民主主義の重要テーマとなり、また必要条件（Honig 2017: p.39）となるではないか。このようにホーニッグは提案している。

この一連の講義で私が示そうとするのは、民主主義が公共物に対する共通の愛、あるいはそれへの反発や論争に根ざしているということです。公共物なしには、共同で活動すること（action in concert）は台なしになってしまい、民主的な生（democratic life）の記号や象徴は息の根を止められてしまう。アメリカ合衆国では、大統領は星条旗を型どったピンを身につけなければなりませんが、そのピンが示す力は、国立公園のシステムや公共墓地や公教育やその他もろもろの物によって裏書きされているように、私には思えます。そうした公共物なしには、民主主義は手続きや投票や駆け引きだけに縮減されてしまうでしょう。（Honig 2017: p.4-5）

公共物は「われわれを構成し、われわれを補完し、われわれを制限し、われわれを妨害し、われわれに問いを投げかけ」、それによってわれわれを民主的なシティズンシップへと誘う。

こうした公共物なしには、民主主義を可能にするシティズンシップは形成されえない、とホーニッグは言う。手続きや投票や駆け引きだけでは民主主義は不十分なのだ。公共の物をめぐる関心と議論があってこそ、民主主義は活性化される。アーレント自身はさほど強調しなかった、しかし彼女の思想に確実に刻み込まれている、この着眼点こそが現在の民主主義を再活性化させるために必要なものだとホーニッグは主張する。例えば、公園や街路や学校や水道管などの公共物こそが、民主主義的討議（あるいは闘技）のための主題となるのではないか。そうした公共物（あるいはインフラ）をわれわれの共有物（コモン）としていかに扱っていくかという課題こそが、現代政治の焦点となっているものではないか。

　例えばホーニッグは、カナダの石油会社トランス・カナダによるパイプライン建設計画に対して反対運動を起こしたUnist'ot'en Campの事例を紹介している。Unist'ot'en Campは、カナダのブリティッシュコロンビア州に居住するWet'suweten First Nationstという部族によって起こされたパイプライン建設反対運動のキャンプである。[1] この部族はカナダ政府と石油会社による説得に抗い、建設同意書へのサインを拒否した。先祖から受け継いできた自分たちの土地を譲り渡すことを拒否し、そこにある自然や資源や住環境が私有化（＝民営化 privatize）されることを拒否した。ここにおいて「部族の主権とその公共物との関係は、構成的かつ密接に絡まり合っているのである」（Honig 2017: p.23）。自分たちの共同体（国・地域）のことは自分たちで決める、という主権の権限において、その共同体における公共物をどのように取り扱うかを住民が決定するという原則は重要な位置を占めている。道路、公園、公共施設などに加えて、自然環境や自然資源もそこに含まれる。これらの公共物を政府や企業が私有化＝民営化し、住民の意思を無視して利益目的のために搾取＝開発する（exploit）ことは許されない。それゆえに、こうした公共物の扱いをどうするか、という点をめぐって、活発な政治（民主主義）が生じてくることになるのだ。

加えてホーニッグはオキュパイ運動の事例にも触れている。「一％ vs. 九九％」というスローガンを掲げて、ウォール街の一部を占拠し、アメリカ経済界や政府への抗議運動を展開するところから始まったオキュパイ運動は、その後世界中に波及し、格差・貧困問題の是正を強く訴えることになった。その際、一部の街路や建造物が占拠されながら、デモ活動が行われたことは象徴的な出来事であったとホーニッグは見る。それは人々が様々な空間を「公共のもの」として再所有し、企業や政府によってそれらが私有化＝民営化されることを拒否する運動であった。それゆえ、こうした抗議運動もまた、公共物に関わる民主主義的な取り組みであったのだとホーニッグは論じている（Honig 2017: p.21f）。

つまりは、この世界（あるいは社会）を公共のもの（皆のもの）として扱っていくために、どうすればいいのかを話し合う、それを特定の企業や政治家のためだけに利用させないようにしていく、そうした取り組みこそが、民主主義の重要な一面を成しているのではないか、とホーニッグは提案しているのである。「公共物は民主主義の必要条件の一つであり、それなしには民主主義的な生は貧しくなってしまうだけでなく、持続不可能なものになってしまうのです」(Honig 2017: p.90、強調原文)。ホーニッグ自身が言及しているように、こうした主張は、「世界への愛」を土台としてこそ、また「介在物」をめぐって、公共的かつ複数的な「活動」が成り立つというアーレントの主張と共鳴するものである。

2 政治の外部

もう一度確認しておけば、アーレントの言う「世界」とは、人間が「仕事」によって創り出す「人工物」あるいは「使用対象物」によって構成されるものであった。ここでいう人工物は、基本的に手触りをもったモノが想定されており、非物質的なもの(コンピュータソフトやインターネットシステム)はひとまずそこに含まれていない。[2] そして、ホーニッグも強調していたように、こうした「世界」を構成するモノ(公共物)は「政治」を構成する重要な要素にもなっており、これらの公共物をめぐって、あるいはこれらの公共物を舞台として、「政治」が展開されるのである。

さらに、本書で論じてきた「ポスト真実」の問題についても、こうした物理的な「公共物」が一定の歯止めとなりうると考えられないだろうか。サンスティーンやホーニッグが論じるように、さまざまな人々が集い、出会うことのできる公共空間としての公園・街路・学校・公民館などの「公共物」も重要であるが、それに加えてここで考察してみたいのは、書籍・文書・新聞をはじめとする「紙の公共物」、とりわけ公文書の果たす役割についてである。第2章でも触れたが、「真理と政治」のなかでアーレントは次のように述べていた。

政治の領域は、人間が意のままに変えることのできない事柄によって制限されている。そして、われわれが自由に活動し変えうるこの政治の領域が損なわれずに、その自律性を保持し約束を果たすことができるのは、もっぱら政治自身の境界を尊重することによる。概念的には、われわれが変えることのできぬものを真理と呼ぶことができる。比喩的には、真理はわれわれが立つ大地であり、われわれの上に広がる天空である。
(BPF: p.259, 三六〇頁)

ここでアーレントは「政治の外部」としての真理について言及している。そのような外部、すなわち「意のままに変えることのできない事柄」を尊重することによって、初めて「自由に活動し、変化をもたらしうる」政治を実現することができる。そしてこのような「政治の外部」としての真理は、哲学者・科学者・芸術家・歴史家・裁判官・目撃者・報告者などによって、言い換えればアカデミー・司法・科学・ジャーナリズムなどによって担保される

(BPF: p.255ff, 三五四頁以下)。アーレントは政治と真理を峻別したが、だからといって真理を軽んじていたわけではない。真理という「大地と天空」を尊重することによってのみ、政治もまともに機能しうるのである。

現代の「ポスト真実」において破壊されているのはまさに、このように「政治の外部」としての真理や事実を重んじる態度であろう。政治的な効果をあげることができれば、真理や事実などどうでも良い、という姿勢がポスト真実的状況をもたらしているのである。「真理は非政治的、また潜在的には反政治的でさえある本性をもつ」(BPF: p.255, 三五五頁) のだが、にもかかわらず／だからこそ、政治と真理の適切な緊張関係を保つことが重要になるとアーレントは考えていた。例えば、司法制度やアカデミーやジャーナリズムは、政治が適正になされているかどうかをチェックし、牽制するための役割を担っている。それはときに政治と対立することもあるだろうが、そうした対立を恐れずに適度な緊張関係を保つことが求められる。[3]

アーレント自身は言及していないが、例えば、官僚が記録し保存する公文書なども、こうした「政治の外部」と「政治の内部」の境界に位置するものだと理解することができるだろう。公文書は政治過程を記録し、保存するという意味において「政治の内部」に位置するが、そうして記録された文書が、「政治」を境界づける「真理」を担保する役割を担うようになるという意味では「政治の外部」にあると見ておくことができるだろう。一度、記録・保管された文書は勝手に改竄したり破棄したりしてはならない、というのが近代政治の原則である。それを許せば、政治と真理の境界が破られ、政治による真理への侵食を許すことになってしまうだろう。だからこそ、森友・加計学園をめぐる公文書改竄《かいざん》問題は政治史に残る重大問題なのである（瀬畑 二〇一八）。

公文書はそれ自体が物質性をもったモノとして保管される。もちろんデジタル技術が進んだ今日では、公文書をデータとして保存し、それを誰もがシステム上で検索し、呼び出せるような仕組みを作っていくことも重要であろう。[4] だが、デジタルデータは紙としての公文書よりも改竄されやすいケースも少なくない（別のデータに置き換えられたり、あとから修正されたりするなど）。意外にも紙の方がデータよりも耐久性が高く、改竄しにくい場合も多い（紙の書類の場合は、それをあとから書き換えたり、差し替えたりした場合にその形跡が残りやすいため）。望ましいのは、紙（物質）とデータ（非物質）、両方のかたちで公文書が保存され、双方の側面からそれが参照されるような仕組みが出来ていることであろう。

のちのち政治家が答弁などで誤魔化そうとしても、公文書がモノとして保管されることによって、その事実を否定しようのない証拠としてそれが機能するだろう。概して、人間の記憶というのは不確かなものであり、たとえ騙したり嘘をついたりするつもりがなくとも、時間が経つと記憶が改変されていることは誰しもよくあることである。そうしたときに、公文書は政治過程を記録し、客観的な証拠として、事実を後世に伝える役割を持っている。「公共物」の一つとしての公文書が重要な意義を持つのはその点においてである。それは「人間が意のままに変えることのできない事柄」として、「政治の領域を制限」するのである。

3　中立的なものの政治性

野口雅弘はマックス・ウェーバーの『仕事（職業）としての政治』を参照しながら、官僚と政治家の違いを次のように説明している。「彼〔ウェーバー〕によれば、官僚の行為は「怒りも興奮もなく」sine ira et studio なされる。政治家によって決定されたことを、自分がそれについて反対の意見をもっていたとしても、淡々と、誠実に、人格を介在させずにやり通すことに、官僚の「名誉」があるという。これに対して、政治家を特徴づけるのは「闘争」Kampf である。違う立場の人たちと論争をし、自分の決断・決定に責任を負うことが求められる。官僚が決定されたことを執行することを本来的な仕事とするのに対して、価値をめぐる対立があるなかで「決定」することが政治家の仕事だ、というのである」（野口 二〇一八：二三八頁）。

「違う立場の人たちと論争をし、自分の決断・決定に責任を負う」政治家の仕事ばかりが「政治的」と見なされがちだが、自分の意見を殺して「淡々と、誠実に、人格を介在させずに」仕事をやり通す官僚の仕事もまた「政治的」であることを野口は指摘する。「闘争的であること」（政治家）だけでなく、「中立的であること」（官僚）もまた「政治的」な意義を持っている。すなわち、「中立的なものこそ政治的である」（野口 二〇一八：二六〇―二六一頁）。

それにもかかわらず、民主党政権の失敗以降、自民党一強時代が続く今日の日本では、官僚も政権に「忖度」せざるを得ない状況があることを野口は指摘する。これは「官僚の劣化」といった単純な批判で片付けられるものではなく、九〇年代以来の「行政改革」の必然的な結果と理解すべきものである。官僚主導の政治から官邸主導の政治へという改革の流れのなかで、二〇一四年に内閣人事局が創設され、内閣が官僚の人事権を一手に握ることになり、それとともに権力の集中がなされ、官僚は官邸に忖度せざるを得なくなった。これに加えて「アカウンタビリティ」（説明責任）という概念が普及したことによって、「価値をめぐる争いが顕在化しないように「ニュートラル」を装いながら、それでいて権力者に有利に話を回すことができるかどうかが、評価の基準にな」ったと野口は見る（野口 二〇一八：四四頁）。こうした構造のもとで、安倍内閣への「忖度」がなされ、公文書の改竄や隠蔽が行われたのだとすれば、われわれはその責任を自民党政権だけでなく、九〇年代以降の行政改革の流れ（とそれを支持した国民の声）に求めなければならないということにもなるだろう。民主党政権もまた、「脱官僚」と「官邸主導」を掲げ、ある種の官僚バッシングを背景にしながら政権交代を成し遂げたことを思い出しておこう。[5]

自分の意見を押し殺して、政治家の決めたことに粛々と従って仕事をこなすという官僚の役割は、アーレントからすれば「非政治的なもの」に分類されるであろう。アーレントは官僚制を「誰でもない者《ノーバディ》による支配」と呼び、それが帝国主義や全体主義の支配において為した役割に批判的に言及している。それゆえ、アーレント自身は官僚の「仕事」が政治に果たす役割についてポジティブに言及してはいない。例えば、「誰でもない者《ノーバディ》による支配は、その人格的要素を失っているからといって、支配を止めたわけではない。統治の最も社会的な形式は官僚制である。（…）誰でもない者による支配は必ずしも無支配《ノー・ルール》ではない。実際、それはある環境のもとでは、最も無慈悲で、最も暴君的な支配の一つとなる場合さえある」(HC: p.40, 六三頁）といった風である。

だが、「真理と政治」におけるアーレントの議論を参照するならば、官僚の仕事＝作品としての公文書は、「政治の外部」から政治を境界（限界）づける意義を持っていると（アーレントの意図を超えて）ポジティブに評価し直すこともできるだろう。それが「真理と政治」の境界を生み出し、政治を限界づける。そして、われわれはそのような限界（制限）のもとでのみ、複数性と偶然性に開かれた、自由かつ予測不可能な「活動」へと乗り出していくことができる。野口が「中立的なもの」と言い表した官僚の仕事《ベルーフ》＝召命とその仕事《ワーク》＝作品としての公文書の政治的役割を、このようにポジティブに捉え返しておくことができるのではないか。[6]

もしそのような限界（制限）がなければ、政治はきわめて不安定なものとなり、共通の土台（舞台）を欠いたものとなってしまうだろう。前章で論じたように、今日、政治的意見を異にする人々との間で有効な議論が成り立ちにくいのは、そもそも議論のための前提としての「事実の共有」が成立していないからであった。その結果として、異なる意見をもつ人々の間で「共通世界」が成立しなくなり、それぞれの〈島宇宙〉をめぐってそれぞれの真実が存在しているというポスト真実的状況がもたらされる。それゆえにこそ、複数的な「活動」の再起動のためには、「事実の共有」に基づく「共通世界」の再建こそが必須の要件となるのであった。

「活動」は脆く儚い営みであり、それが終わったあとに何も残さないために、それが記憶され、後世に残されるためには、それが行われたのちに何らかの「物化 reification」の過程を経なければならない、とアーレントは述べている。つまり、「活動と言論」はそれが見られ、聞かれたのちに「次いで変形され、いわば物化されて、詩の言葉、書かれたページや印刷された本、絵画や彫刻、あらゆる種類の記録、文書、記念碑など、要するに物にならなければならない」（HC: p.95, 一四九頁）。人間事象は第一に「それを見聞きし、記憶する他人が存在し」、第二に「触知できないものを触知できる物に変形する」ことによって、持続的なリアリティを獲得することができる。こうした物化は、「活動と言論」が世界に残るために「支払わなければならぬ代償」である（HC: p.95, 一五〇頁）。こうして「生きた精神」から生まれたものは「死んだ文字」に取って代わられることで耐久性を獲得し、安定的で永続的な「世界」の一部となることができる。そして「活動と言論と思考がリアリティを得、物化されるためには、他の人工物を作るのとまったく同じ仕事人《ワークマンシップ》の技を必要としているのである」(HC: p.95, 一五〇頁)。

公文書もまたこのような「活動の物化」のひとつであり、それを作成し保存する「仕事人」としての官僚の役割が、「ポスト真実」の攻防においてもことのほか重要な意義を持っているのではあるまいか。政治の前提条件を作り出す役割において、淡々と事実を記述する官僚の意義をもう一度見直してみるべきではないか。とはいえ、これもウェーバーが強調したように、官僚は文書を管理し、機密を扱う権限を持つことによって、官僚独特の権力を発揮することもまた事実であるから、その点には十分注意が必要である。すべての官僚が中立公平的に任務を全うするとも限らない。すべて権力の生ずるところに腐敗もまた生じうる。その意味で、政治家のみならず官僚もきちんとその仕事《ベルーフ》＝召命を全うしているか、それを監視しチェックする義務はわれわれ国民・市民の側にある。

4　共通感覚の崩壊

われわれが同じ「世界」を共有しているという感覚、同じ「世界」をめぐって議論しているという感覚それ自体を取り戻さなければならない。アーレントはこの感覚を「共通感覚common sense〔常識〕」と呼んでいた。

> 世界は万人に共通《コモン》のものである。これは世界の唯一の性格であり、それによってわれわれは世界のリアリティを測ることができる。共通感覚は政治的属性のヒエラルキーのなかで非常に高い地位を占めているが、それは、われわれの五感が極めて個別的なものであり、その五感が知覚する情報が極めて特殊なものであるにもかかわらず、それらの感覚を全体としてリアリティに適合させる唯一の感覚が共通感覚だからである。
> （HC: p.208, 三三四頁）

この記述から分かるように、共通感覚とは「世界」に対して人々の間で共有される感覚である。あるいは「共通世界」に対して万人の間で抱かれる感覚、と言っても良いだろう。われわれが「世界」を共有しているという感覚、同じ「世界」のうえで暮らしているという感覚。こうした共通感覚こそが、極めて個別的なものである五感を「リアリティに適合させる」。それゆえ、共通感覚を欠くとき、「世界」を共有しているというリアリティを持つことができず、私的な感覚のうちに閉じこもってしまうことになる。

共通世界の条件のもとでリアリティを保証するのは、世界を構成する人々すべての「共通の本性」ではなく、むしろ何よりもまず、立場の相違やそれに伴う多様なパースペクティブの相違にもかかわらず、すべての人がいつも同一の対象に関わっているという事実である。しかし対象が同一であるということがもはや認められないとき、あるいは、大衆社会に不自然な画一主義が現れるとき、共通世界はどうなるだろうか。そのような場合には、人々の共通の本性をもってしても、共通世界の解体は避けられない。この場合、ふつう、共通世界の解体に先立って、共通世界が多数の人々に示す多くの側面が解体する。こういうことは、普通、暴政の場合に見られるように、すべての人はもはや自分以外の人と同意できないほど根本的に孤立している場合に起こる。(HC: pp.57-58, 八六頁)

人々が同一の対象に関わり、それを複数の視点から見ているという感覚を共有できるときにだけ、われわれは世界に対するリアリティを感じることができる。そのような感覚を失うとき、われわれは「公的なもの」それ自体を失い、それぞれ私的な空間（島宇宙）に閉じこもってしまう。このとき、「人々は他人を見聞きすることを奪われ、他人から見聞きされることを奪われる。彼らはすべて、自分の主観的なただ一つの経験のなかに閉じ込められる」（HC: p.58, 八七頁）。アーレントは「大衆社会や大衆ヒステリーの場合」、あるいは「すべての人が突然、まるで一家族のメンバーであるかのように行動」する場合に、そうした危険が生じうると述べているが、今日のポスト真実社会において生じているのも、まさにこうした共通感覚の喪失と、それに伴う「公的なもの」の喪失なのではあるまいか。

現代ではまさにこのような共通感覚の欠如とそれに伴う「世界のリアリティ」の欠如が深刻化しており、アーレントが「世界疎外 world alienation」と呼ぶ現象が生じている。つまり、われわれが安定的で永続的な「世界」から「疎外」される状況が生じている。「したがって、ある共同体で共通感覚が著しく減少し、迷信や軽信の風潮が著しく増大するというのは、ほとんど間違いなく、世界からの疎外が進んでいる証拠である」（HC: p.209, 三三四頁）。共通感覚が著しく減少している世界では「迷信や軽信の風潮」が著しく増大するというのも、現代のポスト真実社会に示唆的な記述であろう。現代において「迷信や軽信の風潮」が広がっている背景にも、共通感覚の消失とそれに伴う「世界疎外」という現象があるのではないか。「何も信じないがゆえにすべてを信じる」という「軽信とシニシズムの同居」が真実と嘘の区別じたいを無効化する「現代的な嘘」を蔓延させているという『全体主義の起源』における指摘を思い起こしておこう（第1章参照）。

さらには「全体主義的支配が孤立《ロンリネス》のうえに、すなわち人間が持つ最も根本的で最も絶望的な経験の一つである、自分がこの世界にまったく属していないという経験のうえに成り立っている」（OT: p.475, Ⅲ三四八頁）こと、またこの「孤立」が「全体主義的統治の本質たるテロルの共通の土壌」にもなっており、「根を絶たれた状態 uprootedness」と「余計なものである状態 superfluousness」と密接に結びついていることについて、アーレントが言及していたことも思い起こしておこう。「自分がこの世界にまったく属していない」という「根こぎ」にされた状態に人々が置かれるとき、その「孤立」を土壌として全体主義支配が出現してくる。つまり、「世界疎外」が極限にまで進んだ先に、人々が完全に「孤立」した際に陥る「根こぎ」と「余計者」の状態があり、これが全体主義を生み出すということである。同じ文脈でアーレントは共通感覚の重要さにも言及している。

与えられた世界を物質的に、そして感覚的に経験することでさえ、他者との交流《コンタクト》と共通感覚に依拠している。この共通感覚は他の感覚を統合し制御するものだが、それなしではわれわれ一人ひとりが、それ自体信頼できず、裏切りやすい自分の感覚データの特異性のうちに閉じ込められてしまうことになるだろう。われわれが共通感覚を持つからこそ、つまり一人の人間ではなく複数の人間がこの地球に住むからこそ、私たちは私たちの直接的な感覚的経験を信じることができるのだ。（OT: pp.475-476, Ⅲ三四八―三四九頁）

他者との交流と共通感覚を喪失したとき、われわれは不確実な「自分の感覚データの特異性のうちに閉じ込められてしまう」。このとき、われわれは自らの感覚的経験を信じることができなくなり、また複数的な人々と共にこの世界で生きているという実感を失ってしまう。同時にこの世界を「物質的に経験する」リアリティも失ってしまう。そのような「世界疎外」と「孤立」の先に、全体主義が待ち構えているとアーレントは考えていた。

5　活動を支える仕事

拙著『アーレントのマルクス』の最終章でも強調したように、こうした「世界疎外」を食いとどめるためには「世界」の再建が必要であり、そのためにはアーレントが称揚した「活動」だけでなく、彼女が必ずしも強調しなかった「仕事」の役割を再評価する必要があるのではないか、と筆者は考えている。「仕事」とは耐久的な人工物を製作する営みであり、それを通じて安定的で永続的な「世界」を創造・維持する営みであった。公共性の観点から見て、「仕事」には二つの役割がある。「活動」の舞台となる「世界」を製作する営みと、「活動」を記録してそれを後世に伝える「作品」を製作する営みである。前者は「活動」の前に、後者は「活動」の後になされる営みであり、そのどちらもが「活動」を安定的で持続的なものとするための役割を担っている。

まず「活動」の前に、それが行われるための公的空間が確保されていなければならない。例えば、議事堂や学校や公民館などの建物、議論の際に使われるテーブルや椅子、あるいは集会のために使われる公園や街路、広場など。そうした耐久的な物によって構成される空間があるからこそ、人々はそこに集って「活動」を始めることができる。「人々が活動し始める以前に、すでに一定の空間が確保されていなければならず、すべての活動が行われる以前に、すでに一定の構造物が建てられていなければならなかった。ここでいう空間がポリスという公的領域であり、構造物というのが法律であった。要するに立法と建築とは同じカテゴリーに属していたのである」(HC: pp.194-195, 三一四頁)。建造物と法律(ルール)という安定的で耐久的な人工物があるからこそ、その枠組みの内で——あるいはそれを土台として——、われわれは先の見えない「活動」へと乗り出していくことができる。

他方で、「活動」の後には、それを誰かが書き留め、記録し、形にして残すという役割が必要とされる。そうした「仕事」の営みがなければ、「活動」の営みは「いかなる痕跡も後に残さない」からである。「活動」がなされたのちにもその痕跡が残されるためには、それを耐久的なものとする「仕事」(製作)の役割が必要となるのである。

「偉大な行為を行うことと偉大な言葉を語ること」はいかなる痕跡も残さず、活動の瞬間と語られた言葉が過ぎ去ったのちにも存続するようないかなる生産物も残さない。〈労働する動物《アニマル・ラボランス》〉が労働を和らげ、苦痛を取り除くために〈製作人《ホモ・ファーベル》〉の助けを必要とし、また死すべき人間が地上に住処を樹立するのにも〈製作人〉の助けを必要とすれば、活動し語る人々は、最高の能力をもつ〈製作人〉の助力、すなわち、芸術家、詩人、歴史編纂者、記念碑建設者、作家の助力を必要とする。なぜならそれらの助けなしには、彼らの営みの産物、彼らが演じ、語る物語は、決して生き残らないからである。

(HC: p.173, 二七三頁)

ここでは「芸術家、詩人、歴史編纂者、記念碑建設者、作家」などの〈製作人〉の助力があってこそ、「活動」の物語が後世に保存されることが強調されている。つまりは、芸術作品、歴史、記念碑、書物(小説)などの「物」へと変換されることによって、それは後世にまで引き継がれる耐久性を獲得する。それらの「物」は、その場に居合わせなかった者にもその物語《ストーリー》を伝え、それを記憶するための装置となる。

そしてこれらの〈製作人〉たちが、先に述べた「政治の外部」としての「真理」を担う

「仕事人」たちも重なっていることを確認しておこう。すなわち、「哲学者・科学者・芸術家・歴史家・裁判官・目撃者・報告者」などが真理の領域を担う人々であった（BPF: p.255ff, 三五四頁以下）。これらの人々は、事実を記録・報道し、それにもとづいて真理（真実）を探求する役割を担っている。「事実の真理」を記録・報道するジャーナリストや、それにもとづいて政治問題や社会問題を研究する学者などもここに含まれよう。さらに、公文書を作成・保存する官僚のそこに役割も付け加えてもよいのではないか、という提案は先に述べた。これらの「仕事人／製作人」たちによる事実の記録と真理（真実）の探求がポスト真実問題に立ち向かうにあたっての、第一の盾と矛になろう。

とはいえ、ジャーナリストや学者によるファクトチェックと啓発運動だけでは「ポスト真実」の潮流を食いとどめることができなかったというのが、二〇一六年のポピュリスト現象（米国大統領選におけるトランプの勝利と、英国国民投票におけるEU離脱の決定）における反省でもあった。むしろリベラル派のメディアや学者によるファクトチェックやポピュリズム批判に対する反感が、右派ポピュリズムを押し上げる原動力のひとつとなった印象さえある。また官僚による公文書の作成という「中立的」であるべき行為さえ、「政治的」に歪められている（忖度）ことが明らかになったのが、日本のポスト真実問題であった。そうであるとすれば、「活動」を記録・伝達する「仕事」の役割だけではポスト真実に十分に抗うことができない。とはいえ、このような「仕事＝作品」を土台としてしか、ポスト真実を食い止めることができない、というのも確かなことであろう。

そうだとすれば、次に必要なのは、やはり「活動」を始めることである。しかも意見や価値観を同じくする者どうしだけでなく、意見や価値観を異にする者の間で議論を始めること、それこそがポスト真実的な政治分断を乗り越えるために必要である。これが最大の課題なのであるが、この点については終章で検討することにしよう。

終章
真理と政治を取り戻すために

1　モッブの暴動と陰謀論

二〇二一年一月八日、ジョー・バイデンを次期米国大統領に選出した選挙結果を不服とするトランプ支持者たちが米国議事堂を襲撃して議会内に乱入し、死者五名を出すという悲劇が起こった。この襲撃事件は「アメリカのデモクラシー」を信じてきた世界中の人々に衝撃を与えた。バイデンは翌日の演説のなかで「この国の歴史上、最も暗い日の一つとなった。この四年間、大統領は民主主義、憲法、法の支配を軽視し、昨日の攻撃はその集大成となった」と述べ、トランプ大統領を強く非難した。

襲撃事件の直前にトランプ大統領（当時）は、ホワイトハウス前に集まった支持者集会で「議事堂へ行こう。弱さを見せていてはこの国を取り戻すことはできない」と演説し、人々を扇動していた。大統領選挙の開票期間中から、トランプは「これは不正な選挙だ。票が盗まれた」という主張を繰り返し、支持者は選挙の不正を訴える抗議活動を繰り返していた。保守系ＳＮＳでは極右集団「Ｑアノン」による陰謀論まがいの言説が拡散され、これを信じるトランプ支持者のあいだで暴動への機運が高まっていたとされる。

メディアをつうじて「嘘」をまき散らしてきたトランプ流「ポスト真実」の政治が、その終焉間際において恥ずべき暴力事件を引き起こしたのであり、政治における「悪しき嘘」を放置することがいかなる悲劇へ繋がるかを示した象徴的な事例であったと言えよう。

さらに驚くべきは、米国のみならず英国やドイツや日本にさえ、「この大統領選は盗まれた不正な選挙だ」というトランプ派の陰謀論的な主張を支持する人々が少なからず存在したということである。[1] 事件の直後から、SNS上では議事堂を襲撃した「モッブ」[2]たちを擁護する人々が現れた。そのなかには著名な文化人やジャーナリストなども含まれていた。「ドナルド・トランプは悪魔崇拝者と小児性愛者によって組織された「深層国家《ディープステート》」と戦っている」「ジョージア州が採用する電子投票システムは、実際よりもバイデン票を二五％多く、またトランプ票を二五％少なく集計するように設定されていた」といった陰謀論を信じる人々が国境を越えて続出したこともまた、ポスト真実問題の根深さを示している。[3]

第1章で論じたように、アーレントは不都合な事実を隠蔽する「伝統的な嘘」と、事実そのものを作り変えてしまう「現代的な嘘」を区別していた。「現代的な嘘つき」は、事実にもとづいて自身の思想を形成するのではなく、自らの抱いている思想（イデオロギーあるいはイメージ）のほうに事実を合わせようとする。アーレントはベトナム戦争を推し進めた米国政府を念頭に置きながら、「世界最強の国」という「イメージ」を維持するために、様々な事実を捻じ曲げながら、政治的な「嘘」が「現実」に転化されていくプロセスを強く批判していた。こうした事実の書き換えや作り変えが常態化すると、その社会ではもはや何が事実で何が嘘であるかという区別じたいが曖昧化していく。為政者が思い描くイメージどおりに現実を書き換えられるとすれば、それはもはや全体主義体制に近しいものとなる。
アーレントは一九七四年に行われたロジャー・エレイラによるインタビューで次のように語っている。

ご存知でしょう、政治においては、物事をチェックしないで放置しておくと、一定の事柄が自動的に起こるようになってしまいます。自由な報道機関をもっているかぎり、そこで起こることには制限があります。そうした報道機関が存在しなくなった途端に、あるいは報道機関がその取材源を明かすように強制されるようになった途端に——ご存知でしょうが、いまやその取材源は法廷の元にあるのです——、何事も起こりうるようになるのです。ご存知でしょう、全体主義的な、あるいはその他の独裁の支配を本当に可能にするのは、人々が何も知らされていないという状況なのです。情報を知らされていない状況で、誰が意見を持つことができるでしょうか？（TWB: p.491）

ここでアーレントは改めて自由な報道機関の重要性を語っている。天邪鬼《あまのじゃく》な（逆説的な）議論を好みがちなアーレントにしては珍しく、まともに良識的な主張を行っている印象も受けるが、政府権力から規制を受けない自由な報道機関の重要性をそれだけ強く意識していたということなのだろう。自由な報道が機能しなくなったとき、全体主義あるいはその他の独裁的体制が現れてくることになる。「情報を知らされていない状況で、誰が意見を持つことができるでしょうか？」という発言も、複数的な意見を交換する「活動」を始めるにあたっても、まず正確な情報が必要だという「政治の条件」を示すものであろう。正確な情報（事実）の共有は、全体主義および独裁に対する予防策であると同時に、それに代わる「活動」の政治を実践していくための条件でもあるのだ。その反対に、正確な情報にもとづかない「意見」の主張は、現実から乖離した空論を増長させ、深刻な政治的分断を生み出すことに繋がるだろう。

同じインタビューのなかで、アーレントはこうも述べている。「誰もがあなたに対して嘘をついているとすれば、その結果生じるのは〈あなたが嘘を信じている〉という状況ではなく、〈もはや誰も何も信じていない〉という状況なのです。それは当然のことです。（…）嘘をつく政府はその時々で異なったゴールを追いかけるのであり、つねにその歴史を書き換えねばならないのです」（TWB: p.491）。みだりに嘘をつく政府は、その歴史をも書き換えようとするというのは、われわれがここ数年の政府の振る舞いから嫌というほど思い知ってきたことであろう。

ハンナ・アーレント・センターの会長ロジャー・バコヴィッツ教授は、トランプ政権が誕生した当時、「アーレントは今日のアメリカの政治を理解することをどのように助けてくれるのでしょうか?」と訊かれて、「アーレントを読むことによって私たちが理解できるのはトランプが全体主義的ではない、というです。ただし彼は全体主義の諸要素を多く有していますが」と述べていたが[4]、政権の最終盤においてその諸要素は全体主義に近しいものへ結晶化しつつあったと見ておくべきではないか。事実を無視し、嘘を現実へと転化させようとする「現代的な政治の嘘」は、そのまま放置すれば、現実世界を破壊する全体主義的な政治へと転じていくだろうというのがアーレントの考えであった[5]。ただし同時に、国内外からの厳しい批判とさまざまな制度的抑止力によって、トランプ政権が全体主義そのものへと転じることは阻止されたということも重要なポイントである。

事実を無視し現実そのものを作り変えようとする「現代的な嘘つき」たちは、現実の世界のあり方にリアリティを感じておらず、それに代わる「別のリアリティ」を作り出し、その虚構のうちに住まおうとする。そうした人々は、複雑で偶然性に満ちた現実の世界よりも、「首尾一貫した」虚構の世界のほうに強いリアリティを感じ、その虚構のほうに現実をあわせていこうと試みる。その結果として、親トランプ派と反トランプ派、共和党派と民主党派のあいだには深刻な分断が生じ、もはやそれぞれが別々の世界に生きているかのように感じられる状況が現れてくることになる。そもそもわれわれが同じ世界に生きていて、その世界に関する基本的事実や理念を共有している、という感覚じたいが成立しにくくなってくる。

これが「ポスト真実」の政治とともにほぼ世界中で展開されている光景である。

2　あたかも別々の世界を生きているかのように

昨今のポスト真実的状況を千葉雅也は次のように説明している。

> ポスト・トゥルースとは、ひとつの真理をめぐる諸解釈の争いではなく、根底的にバラバラな事実と事実の争いが展開される状況である。さらに言えばそれは、別の世界同士の争いに他ならない。真理がなくなると解釈がなくなる。いまや争いは、複数の事実＝世界のあいだで展開される。ポスト・トゥルースとは、真理がもはやわからなくなった状況ではない。「真理がわからないからその周りで諸解釈が増殖するという状況」全体の終わりなのである。そうなると、他者はすべて、別世界の住人である。まさしくこの意味において、あらゆる他者は何をするかわからない者なのである――私にとっての事実の端的さの外部から、別の事実の別の端的さによって、異質なる自明性によって、意味がなく無意味に私に接近してくる他者。
>
> ポスト・トゥルースとは、〈意味がない無意味〉の側への移行である。（千

葉 二〇一九：三二頁、強調原文）

これはポスト真実の本質を捉えた卓抜な整理である。現代人はひとつの真理をめぐって異なる解釈を闘い合わせているのではない。むしろ現代人はそれぞれの政治的立場によって別々の世界を生きており、その別々の世界どうしが争い合っているのである。米国の親トランプ派と反トランプ派、英国のEU離脱派とEU残留派、日本の親安倍派と反安倍派の間に、もはや「共通世界」は存在していない。それぞれが別々のメディアによる報道に依拠し、別々の「事実」を認識し、互いに相手を「悪魔化」しているために、まともな議論が成り立たない。例えば、米国でCNNニュースを見ている層とFOXニュースを見ている層では、同じ事件に対しても全く異なった事実認識を行うようになる、という風に。

われわれはもはやバラバラの〈世界〉を生きているかのようである。物理的には同じ「世界」を生きているはずなのだが、あたかも別の〈世界〉を生きているかのように感じられる。SNSを中心とするネットメディアがさらにそれを加速し、社会の島宇宙化を進行させる。それとともにわれわれはもはや対話と議論――アーレントの言う「活動」――のための共通前提（＝共通世界）を喪失しつつある。

本書で繰り返してきたように、ポスト真実の政治において、最も深刻となるのはこのような「共通世界」の破壊である。ポスト真実の政治がもたらすのは、政治空間で多くの嘘が流通するという状況だけでなく、異なる政治的意見をもつ人々のあいだで事実の認識が根本的にずれてしまい、マスメディアや専門家・知識人に対する信頼が損なわれ、対話や議論が根本的に成り立たなくなるという状況である。共有の事実認識が失われた社会状況では、「事実の真理」への信頼が低下するとともに、言語的コミュニケーションへの期待までもが低下し、政治的立場が異なる者が相対した際に、もはや暴力的に対峙するしかなくなるという状況が生じる。

暴力を用いずに、言葉を用いて相手を説得し、意見対立の調整を図るというのが、古代アテナイを起源とする民主政治の理想であったはずだが、そのようなロゴス（言葉と理性）を用いた政治への信頼が著しく低下しているのが、今日の状況である。「活動と言論」によって複数性と公共性が実現されると考えたアーレントからすれば、このような状況は「政治の破壊」と呼ぶほかないものである。

アーレントにとって公共的な政治とは、われわれが「世界」を共有したうえで、その「世界」について複数の視点から語り合うことを意味した。ここには、同じ世界を共有すること（共通性）とそれをめぐる多様な意見を交換すること（複数性）という二つの要素が含まれている。アーレントの政治思想においては、しばしば彼女が複数的な意見の交換（討議）を重視したことが強調されるが、見落としてはならないのは、その前提として、そのような活動に参加する人々が「共通の世界」の上に立っていなければならない、と彼女が考えていたことである。そして現代の政治に最も欠けているのは、おそらくこの要素なのである。

今日のＳＮＳを覗けば、そこには多種多様な政治的意見が溢れており、日々熱を帯びた議論（論争）が交わされており、一見すると、アーレントが称揚した複数的な意見の交換がなされているようにも映る。しかし、これはやはりアーレントの重視した「公共性」や「複数性」とは何かが決定的に異なっている。一言でいえば、そこには安定的で永続的な「共通世界」が欠けているのである。「活動と言論」、「複数性と公共性」を支えるべき公的舞台が欠けている。それゆえに、それぞれの政治的主張がそれぞれの〈島宇宙〉において増幅され、どこまでいっても交わることがない、という状況がもたらされる。

意見が対立していることが問題なのではない。[6]意見が対立していると言うためには、共通の土台の上に立っていることが必要である。最低限の事実認識を共有したうえで、われわれの住む世界を良きものにしたいという最低限の目標を共有したうえで、それを実現するための道筋や方途や考え方をめぐって、異なる意見を交わし合い、互いを説得し、双方が納得しうる答えを探っていくのが公共的な政治であるはずだ。しかしその前提となる世界の共有と事実認識の段階でわれわれが躓《つまず》いているとすれば、その後の討議や説得も有意義なものとなるはずがない。アーレントは近代の勃興期においてすでにそのような共通世界の欠如と共通感覚の喪失が生じ始めていると見ていたが、その洞察は二一世紀のインターネット社会においてより当てはまるものとなっているのではないか。

3　共通世界の再構築のために

こうした状況を打破するためには、まず議論の土台となる「共通世界」の再構築が必要なのではないか、その際に物質的な「公共物」の役割が重要になってくるのではないか、というのが第6章における提案であった。ホーニッグが重視するインフラストラクチャー（道路、橋、水道など）やサンスティーンが重視する公園や広場などの公共空間に加えて、日本では雑な扱いを受けがちな公文書（紙の公共物）もその対象に含めて考えたい。これらの公共物を前提として、その共通《コモン》のものの内容や管理のあり方をめぐって政治が行われる。同一の対象に対して、それぞれ異なる視点から意見を交換し合い、共通世界における共生のあり方を探っていくのが、アーレントの想定した公共的かつ複数的な政治のあり方である。

インターネットという非物質的空間には、今日無数の多様な意見が溢れているが、そこではわれわれが共通世界で暮らしているというリアリティ（実感）が損なわれやすい。現実世界への根づきを欠いた、浮遊したイメージと嘘が増殖し拡散されやすくなる。その結果として、バラバラの政治的島宇宙が形成され、各々の政治的主張と批判を、ＳＮＳをつうじて増幅させていくという「分断」の光景が展開されることになる。

アーレントは、「政治の領域」は「真理の領域」に支えられ、制限され、条件づけられてこそ、初めて有意義に機能しうると論じていた。その「真理の領域」を担うのは、哲学者、科学者、芸術家、歴史家、裁判官、ジャーナリスト、研究者などの専門家たちであった。それらの専門家たちの「仕事」によって、「事実の真理」が記録され作品化され保存される。あるいは「理性の真理」を探求するのは哲学者や研究者（アカデミシャン）の役割であろう。裁判官や弁護士や検察官など司法にたずさわる人々は、政治が正しくルールに則って行われているかを、その外部から判断し、公正さを担保する役割を担う。こうした人々によって事実の真理が確定されることによって、世界をめぐる基本的な認識が形成され、それに依拠した公共的な討議（活動と言論）も可能なものとなる。

こうした専門家たちの「中立的な仕事」によって「公共物」を創り出し、その公共物をめぐる政治を実践していくことによってこそ、「共通世界」および「共通感覚」を再建し、ポスト真実的な分断を乗り越えた「複数性の政治」を実践していくことが可能となるのではないか。[7] そのためには複数性を実現する「活動」の前にまず共通性の前提を整える「仕事」の役割を再評価すべきだというのが、本書における一つのささやかな提案である。同時に、物質性をもった「公共物」は、嘘の増殖を食いとどめる役割を持つことも期待される。公文書や証拠物の存在が、有無を言わせず、「事実の真理」を証明し、歴史論争に終止符を打つことはしばしばある。

例えば、アメリカでは機密文書指定された書類は基本的に三〇年間を経過した時点での機密解除と公開が義務づけられている。外交や内政において特別に支障があると見込まれた機密文書については保護期間が延長される場合もあるが、毎年約五〇〇〇件の機密文書が指定解除され、情報公開制度のもとで誰もがアクセス可能となる仕組みが整っている。こうして公開された機密文書をもとにした学術研究や歴史検証が日々行われており、それによって明らかとなる歴史的事実も多い。政治的プロセスが紙の文書として記録・保管されていることによって、それが確たる証拠となり、歴史的事実が認定されることとなる。[8]

あるいは、ナチスによるユダヤ人の大量虐殺を否定する歴史修正主義的な主張についても、何より強制収容所という建造物や犠牲者の遺品が数多く残されていることが、その歴史的事実を否定しがたいものにしている。ドイツ軍はアウシュヴィッツから撤退する際に収容所内のほとんどの倉庫を破壊して回ったが、残った倉庫からは犠牲者の遺品が大量に見つかった。例えば、数十万着の紳士用スーツ、八〇万着以上の婦人服、六〇〇〇キログラム以上の人間の毛髪などである。これらの遺品は現在でも収容所跡に展示されており、ホロコーストの事実を後世に伝え続けている。[9]

ビルケナウ収容所で遺体処理などの過酷な労働を課された囚人たち（その多くはユダヤ人だった）による特殊部隊「ゾンダーコマンド」は、収容所内部の様子を書き記したメモを瓶に詰めて地中に埋め残した。それらのメモが戦後掘り出されて収容所の実態が詳しく知られるようになった。これもモノの証言が「事実の真理」を伝承している事例であろう（NHKスペシャル「アウシュビッツ　死者たちの告白」二〇二〇年八月一六日放送、参照）。

アーレントは『全体主義の起源』で、「忘却の穴」という概念を提起し、ナチスによる全体主義支配の恐ろしさは、それが大量の無実な人々を殺戮した点だけにあるのではなく、あたかもそれらの人々がこの世に存在しなかったかのようにその人々に関する記憶すらも抹消してしまう点にあるとしていた（OT: p.434, 二三四頁）。しかし『エルサレムのアイヒマン』ではその立場を修正し、「忘却の穴などというものは存在しない」と明言するようになる。「人間のすることはすべてそれほど完璧ではないのだ。何のことはない。世界には人間が多すぎて忘却などというものはありえないのである。必ず誰か一人が生き残ってその物語を語るだろう」（EJ: pp.232-233, 三二一頁）と。

戦争後にも数多くの「証拠と証人」が残されたことによって、結局のところ、殺害したすべての人々に関する記憶を抹消し、その虐殺の事実をも「忘却の穴」に投げ込もうとしたナチスの試みは失敗したのだとアーレントは考えを改めるに至った。生存者による証言や関連文書の存在が、ナチスの残虐行為を明らかにしていったからである。アーレント自身は言及していないけれども、ここに強制収容所の存在や犠牲者の遺品や遺骨などもその証拠に加えて良いであろう。人間から独立して存在する耐久性をもったモノが「事実の真理」を確定し、「活動」の条件を形成するのである。

4　世界を人間的なものとすること

しかし、これはあくまでまだ「活動」の条件にすぎない。「仕事」によって創り出された「世界」はそれが「語り合いの対象」となった場合にのみ「人間的」なものとなるのであり、そうでなければ「非人間的」なものにとどまる、とアーレントは「暗い時代の人間性」のなかで述べている。

共通世界はそれが絶えず人々に語られるのでなければ、まさに文字通り「非人間的」のままにとどまります。人間によって作られているからといって人間的とならないというわけでもなく、またそのなかに人間の声が聞かれるから人間的にならないというわけでもなく、ただ世界が人間的となるのはそれが語り合いの対象となった場合に限ります。(…) われわれは世界においてまたわれわれ自身の内において進行しているものを、それについて語ることによってのみ人間的にするのであり、さらにそれについて語る過程でわれわれは人間的であることを学ぶのです。(MDT: pp.24-25, 四六頁)

人々の間にあるものとしての「世界」が「理解可能」になるのは、「多くの人々がそれについて語り合い、互いの意見と立場を比較しながら交換することができる場合に限られる」と『政治入門』のなかでも述べられている。「互いに語り合う自由があればこそ、世界は、私たちがそれについて語り合うものとして、あらゆる角度から客観的に目に見えてくる」（PP: p.128，二三六頁、強調原文）のであり、そのような「語り合い」があってこそ、「世界」はわれわれに共通のものになるのであり、政治的活動のための舞台ともなる。つまり、安定的で永続的な「世界」を創り出すという「仕事」の営みと、複数の人々のあいだでその「世界」について語り合うという「活動」の営みがセットになって初めて、公的舞台としての「共通世界」が成立するのである。

とはいえ、そもそも「世界」に関する事実が共有されず、政治的分断が深まり、対立する政治的立場のあいだでのまともな議論が成立しない状況のなかで、どのようにして「共に活動する」ことを始めるのか、というのは現在多くの人々が頭を悩ませている困難な問いであり、筆者も明快な処方箋を持ちあわせているわけではない。思想史研究の立場からできるのは、過去の思想家の言葉を紹介しながら、われわれが進むべき道筋を構想するヒントを示すことぐらいであろう。ここではアーレントがレッシングとソクラテスに言及した考察を示しながら、本書の議論を締めくくりたい。

アーレントは一九五九年に受賞したレッシング賞の記念講演「暗い時代の人間性」のなか

でレッシングを称賛しつつ次のように述べている。

> レッシングは、古来――少なくともパルメニデスとプラトン以来――哲学者を悩ませてきた問題、すなわち真理は、それが表明されるやただちに多数意見のなかに一つに変形され、議論され、再定式化され、他の人々の間での語り合いの一主題に引き下げられてしまうことをむしろ喜んでいました。レッシングの偉大さは、人間世界の内部では唯一の真理は存在しえないという理論的洞察をもっていたということだけにあるのではなく、それが存在しないことを喜び、したがって人々のあいだの無限の語り合いは、いやしくも人間が存在するかぎり決して終わることがないであろうことを喜んでいたことにもあるのです。（MDT: p.27, 五〇頁）

レッシングは「各人をして彼が真理と見なすものを語らしめよ、そして真理そのものは神に委ねよ」と述べ、「真理そのもの」は人間が手出しのできない神の領域にあることを認識したうえで、各人が「自らが真理と見なすもの」について語り合うことを称揚していた。この語り合いのうちにこそ「人間的なもの《ヒューマニティ》（人間性）」が存するのであり、むしろ「人間世界の内部には唯一の真理は存在しえない」からこそ、人々の間での語り合いが無限に続くことを感謝しようとレッシングは考えていたのだった。このようなレッシングの姿勢は『賢者ナータン』において、主人公ナータンが「友情のために真理を犠牲にする覚悟」をもっていたことのうちに示されていたとアーレントは言う。

古代ギリシアにおいても「友情」の本質は「対話」のなかにあり、「絶えざる議論の交換だけがポリスの市民を結合する」と考えられていた。「対話のなかで友情の政治的重要性とそれに固有な人間らしさが明らかにされる」のである。ただし、ここでアーレントの言う「友情」とは、自分と意見を同じくするものどうしで仲良くすることを指すのではない。その反対に、自分と異なる意見をもつ者にも耳を傾け、議論を交わし合い、同じ世界で共生する持続的な関係性を築いていくこと、それが彼女の理想とする「友情」であった。それは、カール・シュミットのように、友と敵を明確に区別し、敵から友を守るという政治とは正反対の態度である。同時にそれは、政治的立場を同じくするものどうしで集って、SNS上でエコーチェンバー的に政治的主張を高め合っていくような態度とも異なる。そうではなく、意見の異なる者どうしで討議を続ける態度をこそ、アーレントは「友情」と呼んだのである。

レッシングは完全に政治的人間であったからこそ、語り合いによって人間化されたところにのみ、あるいは各人がまさにそのとき彼に何が起こったかをではなく、彼が何を「真理とみなす」かを語るところにのみ、真理は存在しうると主張したのです。しかし、こうした語り合いは実際ひとりでは不可能です。それは、多くの発言が存在しているような領域、かつ各人が何を「真理とみなすか」についての言明が人々を結合するとともに分離しているような、すなわちそれが世界を構成している人々のあいだに事実上ある距離を確立しているような領域に属するのです。(MDT: p.30, 五五頁)

レッシングにとって「真理」の全体性は人間が知りえないものであり、神のみが知るものであった。よってそれは「非人間的なもの」である。ただし、各人が何を「真理とみなすか deems truth」について語り合うときには、そこに何らかの部分的真理(本当のもの)が確かに存在しているであろう、というのがレッシングの考えであった。[10] このとき、そうした語り合いのためには、多くの発言が存在しているような領域、人々を結合するとともに分離し、適切な距離を確保するような領域が必要とされる、とアーレントが述べていることに注意が必要である。これこそ、本書でその重要性を強調してきた「介在物 in-between」、および「共通世界」の領域にほかならない。われわれは「仕事」によって物理的な「世界」を創り出すとともに、「活動」によってそれを人間的なものにしていかねばならない。

5 ソクラテス的対話

ソクラテスについて論じた「哲学と政治」（一九五四年）でも次のように述べられている。

有意味であるために結論に至る必要のないこの種の対話こそ、友人たちにとって最も適切な対話の形態であり、友人たちのあいだでごく普通に交わされる対話の形態であるであることは、自明である。事実、友情とは、かなりの程度、友人たちが共有する何事かに関してこうした会話を交わすところに成り立っている。彼らのあいだに共有されている事柄について語り合うこと、そのことによってその事柄は、なおいっそう彼らに共通のものとなる。そうした共通の関心事は、そのような語らいを媒介としながらその個性と明瞭性を獲得し、さらに精緻化され、展開され、時間と生の深まりを経て、ついには友情において共有されるそれ自身の小さな世界を構成し始めるのである。

(PP: p.16, 六八―六九頁)

ここでもアーレントは対話や語り合いそのものを重視しており、何らかの結論や合意に達することを（ひとまずは）重視していない。「共有されている事柄について語り合うこと」を通じて「その事柄はなおいっそう共通のものとなる」のであり、「ついには友情において共有されるそれ自身の小さな世界を構成し始める」。そのような共通世界の創出そのものが目指されているのである。つまり、「世界」を真の意味で共通のものにするのは、意見の異なる者どうしでの対話や語り合い――すなわち、アーレントが言うところの「活動と言論」――なのである。

もちろん意見の異なる者どうし、とりわけ政治的主張の異なる者どうしで対話するのは決して容易なことではないだろう。複数性の重視といえば聞こえは良いが、実際にそれを実践するのは大変なことである。政治的信条の異なる他者の意見や主張を聞くのは、多くの場合、愉快なことではない。議論を試みようとしても、まったく話が噛み合わず、罵り合いの喧嘩に終わってしまうこともあるだろうし、相手は意見を聞いていて怒りにかられることも多いに違いない。

それでもなお、意見の異なる者のあいだでの対話の場を創ろうとする努力は重要である。その際、ソクラテスがそうしたように、対話の術に優れた者が人々のあいだを繋ぐ〈媒介者〉となって、人間関係の網の目を紡ぎ出し、非物質的な「介在物 in-between」を創り出すことが一つの契機となるかもしれない。ソクラテスは、市民がもつ「臆見《ドクサ》」のなかにそれぞれの「真理」が潜んでいると考え、哲学者の役割は「真理」の観点から「憶見」を排することにではなく、それぞれの「臆見」を「より真実味のあるもの truthfulness にすること」であると捉えていた。[11] これこそがソクラテスの実践した「問答法《イアレクティケー》」および「産婆術《マイエウティケー》」の意味だったとアーレントは言う。すなわち、「ソクラテスは、他者が何らかの形で彼なりに考えたことを産出する手伝いをしようと欲した。それはまた、彼らの臆見のなかに真理を発見するためであった」(PP: p.15, 六七頁)。

これは哲学者が看取する「真理」と、市民が抱く「臆見」(意見)を対立的に捉えたプラトンとは全く対照的な態度であったとアーレントは見る。その問答法は「臆見あるいは意見を破壊することによってではなく、反対に臆見をそれ自身の真実性において開示することによって真理を生み出す」ものであった(PP: p.15, 六七―六八頁)。このような問答法や産婆術は、異なる意見をもつ者が同じ場に集まれば自然と生まれてくるというものではない。そうした人々を結びつけながら議論を活性化させる〈媒介者〉が必要とされるのである。

本書ではここまでに物質的な「介在物」の役割を強調してきたが、それに加えて「人々がお互いに直接面と向き合って活動し語ること」を通じて「人間関係の網の目」が非物質的な「介在物」になりうることにもアーレントは言及している。

この後者の介在物というのは、行為と言葉から成り立っており、その起源は、もっぱら人々がお互いに直接面と向き合って活動し、語ることにある。この第二の主観的な介在物は触知できない。というのは、それを定着させるような触知できる対象物がないからである。活動と言論の過程は、そのような結果や最終生産物をあとに残すことができないのである。しかし、それが触知できないものであるにもかかわらず、この介在物は私たちが共通して目に見ている物の世界と同じリアリティをもっている。私たちはこのリアリティを人間関係の「網の目」と呼び、そのなぜか触知できない質をこのような隠喩で示している。（HC: p.183, 二九七頁）

「仕事」が創り出す「物の世界」に生命を吹き込むのは「行為と言葉」である。人間関係の「網の目《ウェブ》」が創り出す、この非物質的な介在物は「物の世界」と同じリアリティをもっている。現状の世界にリアリティを感じられずに「首尾一貫した」虚構や陰謀論に惹かれていく者が多い状況を食いとどめるためには、「仕事」が創り出す物質的なリアリティと「活動」が創り出す非物質的なリアリティの両面から「世界」の共通性を取り戻すための努力を続けていくほかあるまい。つまり、モノが担う「介在物」と人間が担う〈媒介者〉の両面から、人々を結びつけつつ分離する「あいだ」の空間を作っていく必要があるだろう。[12] そのような「あいだ」の空間を創り出す努力こそが、政治的分断を緩和させ、対話の機会を作り出すとともに、嘘の繁殖を食いとどめることにも繋がるはずだ。

6　嘘と分断の時代を超えて

アーレントは逆説的にも、嘘をつく能力こそが人間の自由を証明するものだと論じていた。雨が降っているときにも晴れていると言うことができることこそが、「世界を変え、そのなかで何か新しいことを始める自由」を保証しているのだと。ただし、そのようにあえて現状の世界と異なることを言う振る舞いが、それだけに終わってしまうのであれば、それは単なる「嘘」でしかない。その「嘘」を「本当＝現実」に変えるための「活動」がなければ、「範例」として記憶されるような「活動」がなければ、それはただの「嘘」で終わってしまう。その反対に、そうした「活動」実践がなされるのであれば、それは「理想」を実現するための「本当＝現実」となりうる。例えば、ジェファソンの起草したアメリカ独立宣言文やキング牧師の"I Have a Dream"演説のように、その理念がその時点で実現されていなくとも、漸進的に近づいていくべき嘘＝理想として機能しうるのである。

われわれがいま必要としているのも、かような理念としての嘘、あるいは「始まり」のための嘘であり、またその嘘を本当＝現実に変えていくための「活動」実践なのではないか。ただしその「活動」はつねに「真理」の領域からのチェックを受け、それによって制限されなければならない。われわれの「自由」もまた、「真理」との適切な緊張関係のもとでしか本物になりえないからである。「活動」は未来に向かっては開かれているが、過去と現在の事実に向かっては開かれていない。「世界を変える」方向に「活動」していくことは可能だが、歴史を書き換えることは誰にも許されない、とアーレントは明言していた。「真理はわれわれが立つ大地であり、われわれの頭上に広がる天空である」というアーレントの言葉を噛みしめつつ、他者とともに「共通世界」を創り直していく「活動」を始めていかねばならない。

「事実の真理」は脆く、改変されやすいにもかかわらず、大いなる復元力を持っており、最終的には「事実の真理」が勝ち残るのだという確信をもっていた。デリダに「楽観主義」と揶揄されるほどの強い確信ぶりであったが、ポスト真実の時代に生きるわれわれはそのような確信をもちにくくなっている。しかしそれでも、「真実はつねに一つ」なのであって、議論に際してはまず「事実の共有」が必須の要件であり、その事実をめぐって複数の意見を闘い合わせることが重要である、という当たり前の事柄を改めて確認しておく必要があるだろう。複数の事実と意見があるわけではない。一つの事実に対してのみ複数の意見が意味を持ちうる。共通の物(介在物)に対して複数の視点がありうるからこそ、「複数性」が意義を持ちうるのであって、もし土台となる共通の物がなければ、複数の視点(意見)はどこまでいっても交わることがなく、われわれはまるで別々の世界の住人のようになってしまう。

闇雲に「議論を始めよう！」というだけではなく、まず議論のための共通の土台を作るところから、われわれはやり直していかねばならない。言い換えれば、まず同じテーブルにつくところから、われわれはやり直さねばならない。最後にもう一度、アーレントがテーブルの比喩を用いた箇所を引用しておきたい。

世界のなかに共生するというのは、本質的にはちょうど、テーブルがその周りに座っている人々の間 between に位置しているように、事物の世界がそれを共有している人々の間にあるということを意味する。つまり世界は、すべての介在物 in-between と同じように、人々を結びつけると同時に人々を分離している。（HC, p.52, 七八—七九頁）

共通のテーブルを囲むことによって、われわれはそれぞれに意見（座る位置＝観点）は違えども、そのテーブルを囲んでいるという事実——すなわち、同じ世界に生きているという事実——を共有することができる。このテーブル（＝介在物（間にあるもの））はわれわれの一生を超えて、次の世代へ引き継がれていくものであり、われわれはこのテーブルを大切に保全しながら、それをより良きものへと作り変えていく責務を負っている。このテーブルに象徴される「世界」は、われわれの生に安定性を与え、われわれを人間たらしめる公共的な「活動」を可能としてくれるものだからである。

あるいは『全体主義の起源』のなかでアーレントはこうも書いている。「はるかに重要なのは、自分と繋がりのある他の人間――親族、友人、隣人――の存在に対する信頼、その人たちは決してこの作り話を信じないだろうという信頼であって、これがあってこそ、抽象的にはつねに可能性として存在するこのような犯罪を認めてしまいたくなる誘惑に抵抗できるのである」（EUtH: S.748, Ⅲ八九頁）。嘘や陰謀論の誘惑に抗うためにまずもって必要とされるのは、身近な他者への信頼関係であることがここでは強調されている。

こうした他者への信頼と世界のリアリティの回復という条件のもとでのみ、われわれは嘘と分断の政治を超えて、再び「活動」へと乗り出していくことができるだろう。

注

序章

1　「「トランプ支持者向けの偽ニュースで700万円稼いだ」マケドニアの若者が証言」（ハフィントンポスト、二〇一六年一二月一四日記事）https://www.huffingtonpost.jp/2016/12/12/fake-news_n_13577368.html

2　Fake News: How a Partying Macedonian Teen Earns Thousands Publishing Lies（NBC News, 二〇一六年一二月九日記事）https://www.nbcnews.com/news/world/fake-news-how-partying-macedonian-teen-earns-thousands-publishing-lies-n692451

3　アメリカ政治研究者である渡辺靖は、トランプ支持者たちは「科学的なエビデンスよりももっと深い情念、感情が共鳴できるかどうかを見極めようとしている」という見解を示しながら、ピーター・ティールの発言が参考になるとしてこれを以下のようにまとめている。

「トランプ氏を批判する人たちは、右派がトランプの一言一言を非常に真面目に受け取っていると思っている。でも、トランプ支持者はそうでなくて、一言一言はそこまで真面目に受け取ってない。間違った情報とか事実誤認は大した問題とは考えていない。それよりも、トランプ氏という人が体現している情念、憤りのほうを大事にしている。自分たちが抱えている憤りに目を向けてくれる人を大事にしているんだ」

すなわち、トランプ支持者にとっては、客観的なエビデンスにもとづいた事実よりも、彼／彼女らの不満や怒りを体現してくれる政治家の身振りこそが重要であり、その不満や怒りを体現する際には多少の事実が犠牲にされても仕方ないと考えているのである。（石戸諭「トランプ支持者に「真面目なファクトチェック」が響かない。百田尚樹ファンとの共通点」（HUFFPOST, 二〇二〇年一一月三日付）https://www.huffingtonpost.jp/entry/why-people-support-trump_jp_5f9fe5ecc5b616c2f316aa1c）

4 「独裁体制のもとでの個人の責任」の冒頭でもアーレントは次のように語っている。「まず私の著書『エルサレムのアイヒマン』が巻き起こした嵐のような議論について一言申し上げたいと思います。「引き起こした」ではなく「巻き起こした」という語を使ったのは考えがあってのことです。というのも、その議論の大半は書かれてもいないことについてだったからです」(RJ: p.17, 三〇頁)。そしてそのような誤解に満ちた論争が原因となって「著者と読者のコミュニケーションが完全に崩壊してしまうこと」をアーレントは危惧している。

第1章

1 公文書管理法は、二〇〇九年当時に首相であった福田康夫の強い意向と、超党派議員の働きかけによって成立した。短命に終わった福田政権が残した数少ない成果の一つである。

2 興味深いことに、瀬畑はもともと公文書管理の専門家であったわけではなく、むしろ象徴天皇制の歴史についての研究家であった。しかしその研究を進めるなかで、天皇制や皇室に関する公文書の管理・保存がきわめて杜撰なものであることに気づき、そこから日本の行政における公文書管理の問題を追及・研究するようになっていったという(瀬畑 二〇一九)。

3 大竹の議論にも触発されるかたちで、國分功一郎は次のように指摘している。「主権」(=立法機能)と「統治」(=行政機能)という対比において、近代政治思想は「主権」の問題にばかり考察の焦点を当ててきたが、実はそれと同じ程度に、あるいはそれ以上に「統治」の問題も重要なのではないか。「統治」は「主権」が決定したことをその決定通りに実施するという図式で捉えられることが多いが(例えば、ルソー『政治経済論』)、実際には「統治」(行政)にはその実施過程において独自の裁量余地があり、その裁量部分において恣意的な働きをなす権限が与えられている。現代政治の分析においては、むしろこうした「統治」の裁量権にこそ着目すべきではないか。そしてこの統治=行政の領域を担うのがまさに官僚である(大竹・國分 二〇一五)。

4 勤労統計をめぐる不正の背景には、名目賃金を実際よりも高く見せかけ、アベノミクスの効果を喧伝しようとする意図があったのではないかとも疑われている。明石の試算によれば、本来の統計にもとづけば、二〇一八年の実質賃金の前年同月比の伸び率はその大半がマイナスとなり、厚労省の担当者もこれを認めたという（東京新聞「実質賃金　大幅マイナス　専門家算出　厚労省認める」二〇一九年一月三一日付記事）。

5　明石はこれを「ソノタノミクス」と呼び、アベノミクスの成果として経済成長が成し遂げられたという政府発表が偽りのものであると主張している（明石二〇一七：第四章）。

6　フーコーによれば、生権力は人口そのものを統治の対象とすることによって成立する。それは個々の市民よりも人口全体を対象として、それを統計的に管理する。言い換えれば、生政治においては、人々が個別の人間としてではなく、単なる「数」として統治の対象となる。そのような管理を円滑に行うために、まず統計的な数値の把握が必須の要件となるのである。

7　例えば、プラトン『国家』における以下の記述を参照。「われわれは適切に用いられるべき偽りのことを先ほど語っていたが、そうした作り話として何か気だかい性格のものを一つつくって、できれば支配者たち自身を、そうでなければ他の国民たちを、説得する工夫はないものだろうか？」（プラトン一九七九（上）：414B-C, 二七八頁）

8　この点について、拙稿「ヘイトスピーチを増幅させるもの――「左翼的なもの」への憎悪について」（『図書新聞』二〇一五年九月二六日号）も参照。http://www.toshoshimbun.com/books_newspaper/week_description.php?shinbunno=3224&syosekino=8694。

9　國分功一郎もまた安倍政権の公文書改竄問題を論じるにあたって、『全体主義の起源』における「軽信とシニシズムの同居」という記述に着目している（「(思考のプリズム) 現政権の知らんぷり対応　見抜かれている無関心」『朝日新聞』、二〇一八年七月一一日付）。

また、「軽信とシニシズムの同居」というキーワードによって想起されるのは、かつて北田暁大が『嗤う日本のナショナリズム』（二〇〇五年）のなかで行った2ちゃんねらーの分析である。北田は、インターネット掲示板「2ちゃんねる」の言説分析を行い、そのユーザーたちがどのような価値や政治的信条にもコミットしないというシニシズム（冷笑主義）的な態度を普段とっているにもかかわらず、ひとたび感情を揺り動かされるような事件（祭り）が起きた際には、驚くほどの素朴な感動やロマン主義的陶酔を見せることに着目し（世界をネタとした「ツッコみ」＝嗤いと「感動をありがとう」的感覚との共棲）、さらにそのようなシニシズムと屈折したロマン主義の同居が、マスコミへの冷笑を経て戦後民主主義の「建前」批判へと結びつき、ひいてはそれがネット右翼的言説へと結びついていった過程を描き出している。こうしたネット言説の動向も、アーレントが「軽信とシニシズムの同居」と呼んだ状況の現代的現れと捉えることができよう。

10　学校法人「森友学園」への国有地売却問題をめぐっては、財務省から公文書改竄を命じられた近畿財務局の男性職員（当時五四歳）が自殺したことも大きな問題となった。元同僚らの証言によれば、財務局の担当職員は本省からの指示に対して強く反発したという（東京新聞「彼の無念晴らしたい　森友疑惑　自殺職員の元同僚」二〇一九年四月二四日付）。しかし結局は本省からの指示に押し切られるかたちで、公文書を改竄せざるをえなかった。そのことから来る良心の呵責や心理的ストレスが自殺の原因になったと見て、おそらく間違いないだろう。通常、公文書の改竄や統計不正を命じられた場合、多くの人々はそのような強い拒否感を抱き、良心の呵責や心理的ストレスを感じるはずである。現政権に批判的な人々が強い違和感を覚えるのは、現政権の指導者たちがまるでそのような呵責やストレスをまったく感じずに「現実の書き換え」を行っているように見えることであろう。

11　これを受けて、共和党の上院議員ジェフ・フレイクは「我が国の歴史上、二〇一七年ほど、真実――客観的、経験的、証拠に基づいた真実が打ち砕かれ、罵倒された年はない。それも政府内で一番影響力のある人物によってだ」と警告するスピーチを行った（カクタニ二〇一九：一〇頁）。

12　『朝日新聞』二〇二〇年一二月二一日付記事「「事実と異なる」答弁118回　桜を見る会で安倍前首相」。

第2章

1　ヒースは著作の結論部で「スロー・ポリティクス宣言」を行っている。いくつか抜粋しよう。「私たちはスピードのとりこになり、誰もが同じ狡猾なウィルスに感染している。私たちの慣習を破壊し、集中力を損ない、どんな些細な情報までも消費するように強いる、「ファストライフ」というウィルスに」、「注目を集める激烈な競争のなかで、「ファスト・ポリティクス」は意思決定のしかたを変え、私たちをデマゴーグの餌食にした。このことが私たちの民主主義と生き方とを脅かしているとすれば、いまや「スロー・ポリティクス」こそ唯一の真に革新的な回答である」（ヒース 二〇一四：四〇四―四〇五頁）。

2 ソーカル事件とは、ニューヨーク大学の物理学教授であったアラン・ソーカルが、ポストモダン思想家の文体をまねて科学用語と数式をちりばめた無内容な論文を作成し、これをポストモダン思想専門の学術誌に送ったところ、そのまま受理・掲載された事件。その後ソーカルは論文がでたらめな内容だったことを暴露し、それを見抜けず掲載した専門家を指弾するとともに、一部のポストモダン思想家が自分の疑似論文と同様に、数学・科学用語を権威付けとしてでたらめに使用していると主張した。

3 大橋によれば、「ポストトゥルースは、真理と虚構のあいだの緊張関係を取り払い、真理の領域を虚構の領域にシームレスに取り込んでしまう。真理とは虚構に包摂された虚構の一形態にすぎない、ということになる」（大橋 二〇二〇：二四七頁）。この指摘は、「現代的な嘘」が真理と嘘の区別を無効化し、あらゆるものを嘘（虚構）のうちに取り込んでしまう、というアーレントの議論と呼応するものである。

4 歴史家のE・H・カーも『歴史とは何か』のなかで、一九世紀の歴史学が「歴史には単一の事実（真実）だけがある」という考えにもとづいていたのに対し、二〇世紀の歴史学はそのような素朴な「事実崇拝」に依拠することができなくなり、「歴史は歴史家が選び出した事実にもとづいて構成された解釈にすぎない」と見なされるようになったと論じている（カー 一九六二：一六頁以下）。他方でカーは、このような歴史観のみを強調すると、「歴史とは結局、解釈次第なのだ」という相対主義に陥る危険性があることにも気づいており、歴史学は一九世紀的な客観的歴史観と二〇世紀的な主観的歴史観のあいだを行かねばならないことを主張している。「歴史とは歴史家と事実との間の相互作用の不断の過程であり、現在と過去との間の尽きることを知らぬ対話なのであります」（カー 一九六二：四〇頁）。

5 さらに次のような記述もある。「事実の証拠は、目撃者――そういう人がどれほど信頼の置けないものであるかは世間周知のことである――、証拠、文書、モニュメントなどの証言によって立証されるが、これらはどれも偽造物として疑いうるものばかりである。論争になった場合に頼れるのは別の目撃者のみであり、第三審やそれ以上の審級に訴えることはできない。そして解決は通常、多数決の方法すなわち意見をめぐる論争を解決する場合と同じ方法で決せられる。この方法は、目撃者の多数が偽称することを阻止する手立てが何一つない以上、まったく不十分な手続きである」(BPF: p.239, 三三〇頁)。

6 「歴史 historyとは物語 storyである」というキャッチコピーとともに登場してベストセラーとなった百田尚樹の『日本国紀』(二〇一八年)などはその罠がもたらした一事例であろう。

7 ヤセミン・セリは、アーレントの「事実の真理」のもつ二つの側面を指摘しながら、この「一見した矛盾」を「認知的責任」という概念を導入することによって整合的に解釈することを提案している (Seri 2018)。

8 以下の記述を参照。「他のすべての真理と同様に、事実の真理は承認されることを専断的に要求し、討論を排除するのだが、討論こそが政治的生活の本質そのものを構成するのである」(BPF: pp.236-237, 三二七頁)。

9 バーミンガムによれば、「事実の真理のパラドクスは、それがアーレントにとって頑強な実在性と絶対的な偶然性の両方をもつという点にある」(Birmingham 2010: p.75)。

10 アーレントは学術機関の起源を、プラトンが創設したアカデメイアに見ており、それがポリスから距離を取った場所に建設されたことの意味を次のように説明している。「アカデミーが古代の起源を記憶しているかぎり、アカデミーはポリスに対して最も断固と反対し、しかもポリスに最も影響力のあった敵対者によって自らが創設されたことを知っておかねばならない」(BPF: p.256, 三五五頁)。

11 アーレントは、政治領域の外側からなされる「事実の真理」の供給の歴史的源泉を、ホメロスやヘロドトスによる歴史の記録に見出している。「ホメロスの不偏性は、ギリシア史全般に鳴り響いている。またそれは、事実の真理の最初の偉大な語り手を生み出し、その人こそ歴史の父となった」(BPF: p.258, 三五九頁)。

第3章

1 『サピエンス全史』で一躍、世界的に有名になったユヴァル・ノア・ハラリは、さまざまな人類種(ホモ・ネアンデルターレシスやホモ・エレクトゥス、ホモ・エルガステルなど)のうちで、ホモ・サピエンスが現在に至るまで生き残った理由は、ホモ・サピエンスの「虚構」を構想する力にあったと推察している。例えば、ホモ・ネアンデルターレシス(ネアンデルタール人)は、ホモ・サピエンスよりも強靭な身体と大きな脳をもち、寒さにも強い体質であった。それにもかかわらず、身体的にも頭脳的にも劣っていたホモ・サピエンスのほうが生き残り、地球上で最も繁栄するに至った理由は、ホモ・サピエンスが神話・民族・宗教・国家・物語などの「虚構」を構想し、集団で共有する力をもっていたからだ、というのがハラリの主張である。

2　ただし、「リトル・ロック問題の考察」をはじめとしてアーレントの黒人問題の論じ方には様々な問題があったこと、黒人差別的な記述が含まれていたことが知られている。この点について詳しくは、キャサリン・T・ガインズ『アーレントと黒人問題』（原題 *Hanna Arendt and the Negro Question*, 2014 未邦訳）を参照。

3　ただし、彼女自身は独立宣言文に関して「虚構」という言葉を直接的には用いていないことを付言しておく。ここでは、実現されるべき理念（目標）としての虚構もまた、現実とは異なる世界の想像という意味では「嘘」の一種であるとアーレントは考えている。

4　「デモクラシーの危機——暗い時代における思考」という統一テーマが掲げられた二〇一七年のアーレント・カンファレンスにおける一つのセッションのなかで、反移民主義を掲げるドイツの政治家マーク・ヨンゲン（極右政党ＡｆＤ所属）が登壇して自説を展開した。これに対して、大会後、アンドリュー・アラトを筆頭とする五〇名超の研究者が公開抗議文を主催者に送付した。アーレントの名を冠した討議の場において、排外主義的な政治的主張を行う人物に発言の機会を与えるべきではない、というのがその抗議内容である。この抗議文には、エティンヌ・バリバール、ロナルド・ベイナー、セイラ・ベンハビブ、リチャード・バーンスタイン、ジュディス・バトラー、ウェンディ・ブラウン、ナンシー・フレイザー、ボニー・ホーニッグ、ジーン・コーヘン、アクセル・ホネット、ライナー・フォアスト、リサ・ディッシュ、など著名な研究者が名を連ねた。（An Open Letter to the Hannah Arendt Center at Bard College : It was a mistake to invite a German far-right politician to your conference, https://www.chronicle.com/article/an-open-letter-to-the-hannah-arendt-center-at-bard-college/）

　これに対して、ハンナ・アーレント・センター会長のロジャー・バコヴィッツは、アーレントの「複数性」の概念に照らすならば、今日のデモクラシーの危機を議論するにあたっては、極右思想や反移民主義を掲げる人々とも対等に対話することが必要だ、と反論する声明を発表し、双方の主張は真っ向から対立した。(Does the Far Right Have a Place at Academic Conferences? by Masha Gessen, the NewYorker, October 26, 2017 https://www.newyorker.com/news/our-columnists/does-the-far-right-have-a-place-at-academic-conferences)
　この論争には明確な決着はつけられず、いささかの後味の悪さを残して現在に至っているが、この一件はアーレント思想に孕まれるある種の危うさを図らずも露呈させるものであったと見ることができよう。

5　アーレントは「活動」の危険性として、不可予言性 unpredictability、不可逆性 irreversibility、際限のなさ limitlessness、という三つの要素を挙げている(「際限のなさ」の代わりに活動過程の匿名性を挙げている箇所もある[HC: p.220, 三四八頁])。この点に関しては以下の記述も参照。
「活動は人間関係の網の目という環境のなかで行われる。この環境のなかでは、ひとつひとつの反応 reaction が一連の反応となり、ひとつひとつの過程が新しい過程の原因となる。このために、活動の結果には限界がないのである。活動が人々に向けられるものであり、それらの人々も活動能力をもっているから、そこで起こる反応は、ひとつの反応である以上に、それ自体が常に新しい活動であって、この新しい活動は自分にもはね返り、他人にも影響を与える。こうして、人間のあいだの活動と反応は、閉じられた円環の内部に留まることは決してなく、その影響力を自分と相手の二人だけにしっかりと限定することもできない」(HC: p.190, 三〇七―三〇八頁)。

6　そのような複数性(多様性)の尊重と他者との共存という理念に耐えきれない人々が、昨今、排外主義やナショナリズムに流れ込んでいると見ることもできるだろう。

7　アーレントは、「事実の真理」をめぐる論争をつねに生じてくるのは、「事実はつねに別様でもありえた」ことによるのだと述べている。すなわち、「事実はつねに別様でもありえたのであり、しかもこのわれわれを悩ます偶然性はまさしく無制限である」(BPF: p.238, 三二九頁)。「活動」の結果があらかじめ予測できず、その結果がつねに「別様でもありえた」という想像の余地を残すために、過去の事実を改変したり否認したりする誘惑が生じてくるのである。アーレントはこれを「自由の代償」とも呼び表している（BPF: p.238, 三三〇頁）。

8　ペンタゴン・ペーパーズ流出事件のきっかけを作ったのは、その機密文書の執筆者の一人であるダニエル・エルズバーグであった。エルズバーグは、アンソニー・ルッソとともに機密文書のコピーを作成し、『ニューヨーク・タイムズ』記者のニール・シーハンにその全文を手渡した。エルズバーグは、スパイ防止法違反に問われて起訴されたが、ロサンゼルス連邦地裁で無罪判決を受けた。エルズバーグは、一九六七年にベトナム戦争の平定計画担当補佐官となったが（つまりアーレントの言うところの「問題解決家」の一人であったわけだが）、アメリカ政府のベトナム政策の実態を知るなかで、徐々にベトナム戦争批判の立場へと転じていった。キャシー・カルスは、勇気をもって内部告発を行ったエルズバーグの行為を評価しながら、このような「政治的証言」もまた新たな種類の「活動」として捉えるべきだという提案を行っている（Caruth 2010: pp.91-92)。

第４章

1　「ご飯論法」は「現代用語の基礎知識」選２０１８ユーキャン新語・流行語大賞トップ10に選出された（上西 二〇一九）。また上西は国会での質疑のやりとりを街中で大きなスクリーンに映し出して検証し、解説するという「国会パブリック・ビューイング」を実践している（上西 二〇二〇）。

2　https://twitter.com/mu0283/status/992976852489650176?s=20
https://twitter.com/mu0283/status/992978110994726912?s=20
https://twitter.com/mu0283/status/992980331299880961?s=20
いずれも上西充子のツイッターアカウント（@mu0283）における二〇一八年五月二六日の発言。

3　民主党政権時代に、野党であった自民党が「自民党はＴＰＰに反対です」という公約を掲げながら、選挙で勝利したのちにはすぐさまその公約を破棄し、ＴＰＰ締結を推し進めたことはよく知られている。また東京オリンピックの招致にあたって、安倍首相（当時）が「福島の汚染水は完全にコントロールされている」と世界に向かって堂々と宣言したこと、しかしそれが事実とかけ離れた発言であったことをわれわれはよく知っている。これらの振る舞いは、言葉による約束を簡単に反故にしてしまい、そのことを何ら気にかけない安倍政権の態度をよく表している。

4　イングソックとは『一九八四年』における全体主義国家オセアニアが掲げる支配的イデオロギー。ニュースピークにおける単語であり「イングランド社会主義（English Socialism）」の略称である（オーウェル二〇〇九：附録一頁）。

5　「毎日新聞の「桜を見る会」取材班が先日出版した『汚れた桜』（毎日新聞出版）によると、国会期間中の政府による説明拒否は、二〇一三年の一六四回から二〇一九年の四〇〇回超へと増加したという。また、二月六日の朝日新聞は、今国会の衆院予算委員会で首相による答弁の繰り返しが八日間で一一二回にのぼると報じた。説明のはぐらかしや拒否、繰り返しは、政府答弁の「スキル」として定着しつつある」（「（山腰修三のメディア私評）政府の答弁拒否　フェイクが作る「現実」に迫って」『朝日新聞』二〇二〇年二月一四日付）

6　二〇二〇年二月には Twitter Japan が「情報・メディアリテラシーの確立に向け」、保守的団体として知られる日本青年会議所とパートナーシップ協定を結んだことが物議を醸した。日本青年会議所は、たびたび排外主義的な発言や右翼的な発言を表明してきたことで知られており、自民党とも強い結びつきを持つ。そうした団体と協定することで実現される「情報・メディアリテラシーの確立」、「Twitter の公共の場での会話の健全性・公開性」とはどのようなものか、批判的検討が必要であろう。（参照：Twitter Japan 社による二〇二〇年二月一〇日のツイート https://twitter.com/TwitterGovJP/status/1226735593700282373?s=20）

7　倉橋耕平「日本の右派が、「言葉を誤用・流用」することの恐ろしさ：「メディア・リテラシー」の右旋回」（現代ビジネス、二〇一九年六月二五日付記事）https://gendai.ismedia.jp/articles/-/65421

8　アーレントはしばしば、アウグスティヌスの「始まりが為されんがために人間は創られた」、「人間が創られたとき、それは「始まり」であり、その前には誰もいなかった」という言葉を引き、人間の存在意義がこの世界に「始まり」をもたらす点にあることを強調する（HC: p.177, 二八八頁、OT: pp.478-479, Ⅲ三五三—三五四頁）。

9　全体主義が人間の複数性と自発性を消去しようとする政治体制であることについては、『全体主義の起源』第三部における以下の記述を参照。
「収容所は単に皆殺しと個人を辱めることのためにあるのではなく、科学的に精確な条件のもとで人間の行動様式としての自発性というものを除去し、人間を同じ条件のもとでは常に同じ行動をする物、つまり動物ですらない物に変える恐るべき実験のためにある」(EUtH: S.908, Ⅲ二四二頁)。

「全体的テロルは、個人の間の囲いとコミュニケーションの通路に代えるに、人々をぎりぎりに締め付けてその複数性を巨大な大きさの〈一人の人間 One Man〉にしてしまう鉄の箍をもってする。(…)人間たちをぎゅうぎゅう締め付けることによって全体的テロルは彼らの間の空間をなくしてしまう」(OT: pp.465-466, Ⅲ三二二頁)。

10 オルダス・ハクスリー『すばらしい新世界』では、あらゆる欲求が即時的に満たされる未来社会がユートピア的かつディストピア的に描かれるが、その「文明国」ではもはや誰も時間をかけて文学作品を読もうとはしない。その反対に、文明の外部に取り残された「野蛮人」ジョンだけが、シェークスピアを読むという転倒した世界が描かれる。「新世界」の統制官ムスタファ・モンドとジョンが対峙する場面で、「われわれは何でも楽にやる方が好きだ」というモンドに対して、ジョンは「でも僕は楽なんかしたくない。神がほしい、詩がほしい、本物の危険がほしい、自由がほしい、善がほしい、罪がほしい」と言い返す。

「つまり君は」とムスタファ・モンドが言う。「不幸になる権利を要求しているんだね」。

「ええ、それでいいですよ」と野人が喧嘩腰で言った。「僕は不幸になる権利を要求する」。(…)ムスタファ・モンドは肩をすくめた。「では、ご自由に」(ハクスリー二〇一七:三三二―三三三頁)。

第5章

1 各ユーザーを包み込むフィルターバブルを、サスティーンは「情報の繭(インフォメーション・コクーン)」とも言い換えている。この表現は、映画『マトリックス』において、人間が現実だと思っていた世界が実はコンピュータによって作り出された仮想現実「マトリックス」であり、各人がカプセルのなかでコンピュータの動力源として培養されているだけだった、という設定を思い出させるところがある。映画ではコンピュータが人間社会に反乱を起こしたという筋書きになっていたが、いまや現代人は自ら進んで「情報の繭」のなかに浸り、自らの欲望をインターネット世界の動力源として差し出しているようにも見えないだろうか。

2 公的空間の物質性あるいは建築性が「活動」に与

える影響については、山本理顕（二〇一五）の議論も参照のこと。

3　アーレントは「仕事」を「人間存在の非自然性に対応する営み」と定義している（HC: p.7, 一九―二〇頁）。それは、「際立って異なる物の『人工的』世界を創り出す」ものであると述べられることからも、「仕事」によって創り出される「世界」の人工性と物質性が強調されていることが分かる。

4　コロナ感染の拡大が続くなかで、多くの仕事がリモートワークに切り替わり、全国の大学でオンライン授業が始まり、オンライン飲み会なるものまで流行し始めているが、こうしたオンラインのコミュニケーションにおける問題のひとつは、公的空間と私的空間の境目がなくなり、自分の家・部屋という私的空間に「他人に見られ聞かれる経験」が侵入してくることであろう。アーレントは公的空間の重要性を訴えるいっぽうで、「四方の壁」に囲まれた私的空間が公的な光から身を隠す役割を持っていることを強調している（HC: p.71, 一〇一頁）。この点については、拙稿「アーレントVSシュミット　コロナ時代の公共性を考える」（『朝日新聞』二〇二〇年五月九日付記事）も参照。

第6章

1　マイケル・ハートも斎藤幸平との対談において、アメリカ合衆国ダコタ州で起こった石油パイプライン計画に反対する運動に言及し、これを資本から〈コモン〉を死守しようとする先住民族たちの抵抗運動として位置づけている。この石油パイプラインは先住民スー族の居留地を通って建設される予定であったが、北米の先住民のさまざまな部族が一堂に集まって抵抗運動を展開した。これに白人の環境保護活動家たちも連携し、従来のエスニシティの分断を乗り越える運動が実現された。これは土地という〈コモン〉をめぐる連帯の抵抗運動であり、「所有」の論理に代わる地球との新たな関係を探る反資本運動であったとハートは述べている（斎藤編二〇一九：七五頁以下）。

2　コンピュータソフトやインターネットシステムもまた人間が創り出したものであり、現代ではそれらの非物質的な人工物も「世界」を構成していると考えることもできるかもしれないが（例えばパソコンや携帯電話などは物質性を持っているので、これをアーレントのいう使用対象物に組み入れるかどうかは難しいところである）、ここではあくまでアーレントの議論に沿って、物質的なモノによって「世界」が構成されていると想定しておこう。

3　例えば、司法制度は「既成の権力によって確立され支持されながらも、政治の常態に反して真理と真実がつねに言論や活動の試みの最高の判断基準となるような公的制度」であるとされる（BPF: p.255, 三五五頁）。この点、アーレントが『革命について』のなかで、アメリカ合衆国における司法制度を、ローマ共和制における元老院と同じ、「権威」を代表する機関と位置づけていたことを想起させる（OR: 第5章）。「権威」の機関としての司法制度は、「権力」の機関としての評議会制度を牽制する役割を持つのである。

4　政府は二〇一九年三月二五日に「行政文書の電子的管理についての基本的な方針」を決定した。これによれば、公文書の管理の電子化を推進し、今後作成する公文書は電子媒体のものを正本・原本にするとされ、二〇二六年度をめどに本格的な電子的管理に移行するという計画が示されている（瀬畑 2019: 四五頁）。この点に関して瀬畑は、公文書が電子文書へと移行した際に、「今までの紙の文書がもっていた、文書間のヒエラルキーがなくなってしまう」ことに懸念を示している。「紙の文書では決済文書が頂点に位置して」おり、「課長に見せたものはその下、仲間内で閲覧したものはさらにその下」といったヒエラルキーが、紙の文書ではその形式や印鑑の有無などで一目瞭然となっているところが、電子文書ではそうした階層が見えにくくなってしまうというのである（瀬畑二〇一九：五五—五六頁、大黒二〇一八）。

5　「官邸主導（政治主導）」の流れが民主党政権の失敗を経て、官僚による官邸（政権）への「忖度」を生み出した構造については、新藤（二〇一九：第3章）も参照。

6　野口は、従来『職業としての政治』と訳されてきたウェーバーの有名な講演を『仕事としての政治』と訳し直した新訳を発表している。野口によればこれは、ドイツ語のBerufには生計を立てる営みと使命（神による召命）という二つの意味があり、「職業」では前者の意味しか示せず、「天職」では後者の意味しか示せないのに対して、「事に仕える」と書く「仕事」は両方の意味を含みうるためである（野口 二〇二〇：七八—八〇頁）。これに対して、アーレントのworkは「仕事」（制作）と「作品」という二つの意味を持つことが重要であると筆者は考えている（百木 二〇一八a：終章）。官僚はこの二重の意味での「仕事」を負っていると捉えると、新たな観点が拓けてくるのではないか。

終章

1 「トランプ支えるQアノン、ドイツに影響力飛び火　陰謀論が急増する背景」（ニューズウィーク日本版、二〇二〇年一〇月二〇日付記事）https://www.newsweekjapan.jp/takemura/2020/10/q.php

2 アメリカの報道では、議事堂を襲撃した人々が「暴徒 mob」と表現されていた。アーレントは『全体主義の起源』第二部「帝国主義」のなかで「モッブ」を「全階級、全階層からの脱落者の集まり」と定義し（EUtH: S.347-348, II 六二頁）、そこには商人・山師・やくざ者・ごろつき・夢想家・投機家・詐欺師などが含まれるとした。モッブをめぐるこうした議論も、ポスト真実時代の政治状況と呼応するところがある。

3 「狂った陰謀論「QAnon」とは　悪魔崇拝に人身売買、拡散する根拠なき情報」（CNET Japan、二〇二〇年一〇月一三日付記事）https://japan.cnet.com/article/35160790/

4 “What philosopher Hannah Arendt would say about Donald Trump”（DM.COM、二〇一七年八月一六日付記事）https://www.dw.com/en/what-philosopher-hannah-arendt-would-say-about-donald-trump/a-3676400

5 アーレントは「身から出たさび」講演のなかでも、ウォーターゲート事件に言及しながら、ニクソン政権のついた嘘について、それを全体主義支配下における嘘と比べれば穏やかなものに見えるとしながらも、そこには間違いなく政治を腐敗させる犯罪性があると論じ、「ニクソンの犯罪と全体主義の犯罪にはいくつか類似したところがあり、その点に注目する必要があるでしょう」と述べていた（RJ: p.267, 四八〇頁）。

6 昨今、盛んに用いられる政治的な「分断」という表現について、國分功一郎は「言葉遣いとして雑」ではないかという違和感を表明している。「何をイメージしているかが明確でない「分断」という言葉を使うことで、まるでもともと社会が一体性を持っているような幻想が出てきてしまうことが問題だと思います」。「大事なのは、意見の違いをきちんと可視化したうえで、話し合いが行われていくということです」（『毎日新聞』二〇二〇年一一月二七日「この国はどこへ　コロナの時代に　社会が抱える「格差」や「差別」見えますか　東大・國分功一郎准教授」）。アーレントもまた、意見の相違を前提としながら話し合いを続けていく政治を重視していた。しかし、現代の「分断」において問題となっているのは、単に政治的意見が激しく対立しているということではなく、それ以前に、事実認識や問題共有のレベルにおいて、両派の依って立つ土台が著しく異なっており、まともな話し合いが成立しなくなっている点にあるのではないかと思われる。

7　ヒヴォーネンもまたホーニッグの「公共物」のアイデアをアーレントの「事実の真理」の議論と結びつけ、そのアイデアを非物質的なものにまで拡張することを提案している（Hyvönen 2018: p.38）。そうすることによって、「事実の真理」がもつ「独裁的性格」をわれわれの政治を制限づけ条件づける外部性としてポジティブに捉え返すことができるだろう。

8　ヒヴォーネンによれば、「そのどちらもが、重要な仕方で民主的な討議を可能にするとともに、制限づけるという点において、事実は物質的な環境に比せられる」（Hyvönen 2018: p.33）。

9　ホロコースト研究者デボラ・E・リップシュタットとホロコースト否定論者デイヴィッド・アービングが法廷で対決した史実を題材とした映画『否定と肯定』（二〇一六年）でも、強制収容所の存在とそれをめぐる物理的距離が決定的な証拠となって、否定派の主張が退けられる場面がある。

10　同様の議論は、レッシング論と並んで『暗い時代の人々』に収録されているヤスパース論にも見いだすことができる。ヤスパースの実存哲学においては、真理とコミュニケーションは同一のものと捉えられており、コミュニケーションのうちにこそ真理が存在すると考えられている。それゆえ真理は伝達可能なものかつ討議可能なものでなければならず、コミュニケーションを通じて彫琢されていくものでなければならない（MDT: p.85f, 一三七頁）。真理はコミュニケーションの外にある教義ではなくて、理性的存在である人間によって伝達されうるものでなくてはならない。

　こうしたヤスパースの実存哲学とアーレントの政治思想のあいだには少なからず差異も認められるのだが——アーレント自身は、真理はコミュニケーションの外にあるとしており、真理とコミュニケーションが同一のものとは言わなかっただろう——、『暗い時代の人々』におけるレッシングとヤスパースへの高い評価を見れば、アーレントが揺るぎない真理よりもむしろ語り合い／コミュニケーションを重視する彼らの態度に一目を置いていたことは間違いない。

11　アーレントのソクラテス論における「真実らしさ

truthfulness」の意味については、truth と truthfulness の違いを強調する Valeria Pashkova/ Mikhail Pashkov (2018) の議論も参照。

12 「汝らのゆくところが汝らのポリスなり」という古代ギリシアの言葉を引きながらアーレントが述べるように、何らかのきっかけで人々のあいだで「活動と言論」が始まるとき、その行為じたいが「参加する人々のあいだに空間を創る」(HC: p.198, 三二〇頁)。人々を結びつけ、対話の場を創り出す〈媒介者〉の存在は、その〈媒介者〉自身が「介在物」となることによって、その場に「共通世界」を創出するだろう。これに対して、物質的な「介在物」の意義は、そのような〈媒介者〉がいなくとも対話のための「共通物」を提供することにある。例えば、古代ギリシアのポリスは、人々が公共的な対話を行うための舞台装置を提供するとともに、卓越した「活動と言論」を記憶し、後世に伝達するための記録装置の役割も果たしていたとアーレントは論じている(HC: pp.196-198, 三一七―三二〇頁)。

「嘘と政治」を読み解くためのブックガイド

アーレント著作

本論でも繰り返し言及したが、アーレントの嘘論を読み解くにあたっては、『**過去と未来の間――政治思想への8試論**』（引田隆也・齋藤純一訳、みすず書房、一九九四年）所収の「**真理と政治**」と『**暴力について――共和国の危機**』（山田正行訳、みすず書房、二〇〇〇年）所収の「**政治における嘘**」が中心的なテキストとなる。

「真理と政治」はかなり長く複雑な論文なので、初学者の人がいきなり読もうとすると、難解に感じられるところも多いかもしれないが、本書第1章で論じた「伝統的な嘘」と「現代的な嘘」の対比、第2章で論じた「事実の真理」と「理性の真理」の区別、および「事実の真理」の短期的な脆さと長期的な頑強さという二重の側面、第3章で論じた「活動」と嘘の親和性などの議論を踏まえて読めば、アーレントが伝えようとしているエッセンスを掴み取ることができるだろう。最終節に出てくる「真理の領域」を担う単独の人々の役割と、

「真理はわれわれが立つ大地であり、われわれの頭上に広がる天空である」という記述は読み応えがあるはずだ。

「政治における嘘」は一九七一年のペンタゴン・ペーパーズ流出事件を受けて書かれた時評的な色合いも強い論考である。この論考については、ペンタゴン・ペーパーズ流出事件の経緯とその時代的背景（ベトナム戦争の泥沼化など）を踏まえてから読むことをお勧めする。時事的なトピックが分かりづらい箇所もあるが、細かい部分にとらわれずに、「イメージづくり」のための嘘を推し進めた当時のアメリカ政府（およびその取り巻きたち）の問題性に注目しながら読み進めていくのが良いだろう。ペンタゴン・ペーパーズ流出事件の経緯とその時代背景を掴むにあたっては、二〇一八年公開の映画『ペンタゴン・ペーパーズ／最高機密文書』（スティーブン・スピルバーグ監督）を観ることもお勧めする。

また**『全体主義の起源』第3部**（『新版 全体主義の起原3——全体主義』、大久保和郎・大島かおり訳、みすず書房、二〇一七年）の第11章第1節「全体主義のプロパガンダ」も、アーレントの嘘論と全体主義論の関係性を読み解くうえで重要なテキストである。本書第1章で紹介したように、アトム化した個人の集合としての大衆が、現実の偶然性と複雑性に耐えきれないがゆえに、「首尾一貫した虚構」を追い求め、現実から乖離した嘘の世界にはまり込んでいくというロジックは、今日のポスト真実時代にも有効なものであろう。あわせて、全体主義運動における秘密結社的な性格や陰謀論の流布なども、現代の問題と重ね合わせて読むことができる（第3部第11章第2節および第12章）。エピローグとして付属されている「イデオロギーとテロル」も、アーレントの全体主義分析の総まとめとして必読である。

『**責任と判断**』（ジェローム・コーン編、中山元訳、ちくま学芸文庫、二〇一六年）所収の「**身から出たさび**」は、アーレントが亡くなる一九七五年に行われた講演。話し言葉で書かれているので比較的読みやすい。ここではペンタゴン・ペーパーズ流出事件に加えてウォーターゲート事件への言及がなされており、ニクソン政権が続けてきた「イメージづくり」のための嘘がアメリカの良き共和政の伝統を破壊してしまうものだという警告がなされている。政治における悪しき嘘は「身から出たさび」として自分の身に返ってくるのだと。ここでも改めて、当時のアメリカ政府がついてきた「政治における嘘」と全体主義政権による嘘が結びつけられながら論じられている点に注目すべきだろう。

『**暗い時代の人々**』（阿部齊訳、ちくま学芸文庫、二〇〇五年）所収の「**暗い時代の人間性——レッシング考**」では、友情を実現する終わりなき語り合いのために真理を犠牲にすることを躊躇わなかった（むしろそれを喜んだ）レッシングの姿勢を称賛する名講演が読める。真理と対話（＝政治）の対比というアーレントらしい切り口を明確に読み取ることができる。同書所収の「**カール・ヤスパース——世界国家の市民？**」は、レッシングとは反対に、真理とコミュニケーションを同一のものと考え、語り合いによって真理を実現していく哲学を構想したヤスパースを褒め称えるエッセイである。一見矛盾するようにも映る、この二人の思想に対するアーレントの高評価をどう整合的に解釈できるかを考えながら、これらの文章を読み込むのも一興だろう。

『思索日記II』（青木隆嘉訳、法政大学出版局、二〇〇六年）の一九六三年から一九六四年にかけての書き込み（邦訳二一七―二四二頁）には数多くの「真理と政治」および「嘘」に関する記述を見出すことができる。本書では具体的に触れることができなかったが、「真理とイデオロギーの違い」、「合意による真理」、「嘘の力に対する真実の力」、「嘘と始まり」など。これらの記述はいずれも、その後「真理と政治」論文および「政治における嘘」論文へ結実していくものであるが、嘘と真理に関する彼女の思考過程を見てとることができる点で興味深い材料である。

アーレント以外の著作

欧米におけるポスト真実の論じられ方を理解するにあたっては、さしあたり**ミチコ・カクタニ『真実の終わり』**（岡崎玲子訳、集英社、二〇一九年）と**リー・マッキンタイア『ポスト・トゥルース』**（大橋完太郎・居村匠・大﨑智史・西橋卓也訳、人文書院、二〇二〇年）を薦めたい。カクタニは長年『ニューヨーク・タイムズ』の書評を担当していた文芸批評家であり、トランプ政権に関する報道を多く引きながら、それをオーウェルやハクスリーなどの文芸作品と結びつけてポスト真実の諸相を描き出そうとしている。リー・マッキンタイアはポスト真実の問題はここ数年で急に現れてきたものではなく、ここ数十年間の科学否定論や認知バイアス論、ポストモダン思想の影響力、伝統メディアの凋落やソーシャルメディアの登場によるものだという系譜を描き出している。ただし、カクタニもマッキンタイアも、フーコー、デリダ、ド・マンなどのポストモダン思想をポスト真実の生みの親として描き出す点には、いささかの問題がある。この点については、本書第2章でも触れたが、より詳しくは**大橋完太郎**によるマッキンタイア『ポストトゥルース』への附論「**解釈の不安とレトリックの誕生――フランス・ポストモダニズムの北米展開と「ポストトゥルース」**」、および「**「ポスト・トゥルース」試論――現象と構造**」(『美学芸術学論集』第一五号、五―五〇頁、二〇一九年)を参照されたい。

また、ポスト真実をめぐる数々の事件を振り返るにあたっては、**津田大介**『**情報戦争を生き抜く――武器としてのメディアリテラシー**』(朝日新書、二〇一八年)が役立った。主にインターネットをめぐって起こったポスト真実に関する諸問題が手際よく的確にまとめられており、メディアの観点からポスト真実を考え直す良い材料になるだろう。**佐藤卓己**『**流言のメディア史**』(岩波新書、二〇一九年)は、それとは対照的に、ポスト真実なる現象は本当に今日的なものなのか、むしろ戦前から繰り返されてきた問題ではないのか、という問題提起をメディア史研究の観点から行っており興味深い。SNSの流行にポスト真実の原因を帰せがちな風潮に対して、新聞やラジオ、テレビなどのメディアが中心であった時代から「政治における嘘」の問題は頻発してきたのではないかという問い直しは傾聴に値する。この問題提起に対する筆者なりの考えは序章に記したが、読者にも改めて考えてみてもらいたい。

インターネットメディアがもたらす政治的分断の問題を考えるにあたっては、**キャス・サンスティーン『#リパブリック――インターネットは民主主義になにをもたらすのか』**（伊達尚美訳、勁草書房、二〇一八年）と**ジェイミー・バートレット『操られる民主主義――デジタル・テクノロジーはいかにして社会を破壊するか』**（秋山勝訳、草思社文庫、二〇二〇年）を挙げておこう。サンスティーンは、すでに『熟議が壊れるとき――民主政と憲法解釈の統治理論』（那須耕介監訳、勁草書房、二〇一二年）のなかで、様々な要素がもたらす政治的集極化の問題を論じていたが、『#リパブリック』ではそれを発展させて、インターネットの進展がもたらす政治的集極化、すなわちサイバーカスケードの問題を集中的に論じている。そこから導き出される公共空間（パブリック・フォーラム）の重要性についての議論は本書第5章を参照。バートレット『操られる民主主義』では、インターネットのみならず、ＡＩやビッグデータも含めてデジタル・テクノロジーが現代の民主主義をいかに蝕んでいるかが豊富な例を用いて論じられている。もはやわれわれの認識や意思を超えて、われわれが「操られる」かのように「再部族化《リ・トライバライゼーション》」の方向へ導かれているかという議論は、今後いっそう重要な問題となっていくはずだ。

ジョゼフ・ヒース『啓蒙思想2.0――政治・経済・生活を正気に戻すために』（栗原百代訳、NTT出版、二〇一四年）では、インターネットの問題に限らず、今日の政治において、理性の果たす役割が後退し、感情の果たす役割が大きくなっているという問題が扱われている。それとともに弱体化した啓蒙思想、およびリベラルな政治の力を「スロー・ポリティクス」の導入によって再起動させようとするのがヒースの狙いだが、その試みがどこまで成功しているのか、読者各自が判断してほしい。

本書の結論部では、「政治の領域」を条件づける「真理の領域」を担う存在として、「中立的な仕事」を粛々と実行する「単独の人々」に注目した。このアイデアは**野口雅弘『忖度と官僚制の政治学』**（青土社、二〇一八年）の終章「中立的なものこそ政治的である」およびその他の論考からインスパイアを受けたものである。ウェーバーが期待を寄せたカリスマ的指導者（政治家）だけでなく、中立的な仕事を粛々と行う官僚の側にも「政治的なもの」を見出した野口の議論は、昨今の忖度問題や公文書改竄問題を考えるにあたっても示唆に富む。本書のテーマとはややずれるが、同書第Ⅲ部「合理性とアイヒマン」の各章も、アーレントのアイヒマン論を再考するにあたっての良いきっかけを与えてくれる。日本の公文書管理問題を論じた概説書としては、**瀬畑源『公文書問題――日本の「闇」の核心』**（集英社新書、二〇一八年）を薦めておく。

未邦訳文献だが、**ボニー・ホーニッグ**の ***Public Things: Democracy in Disrepair*** (Fordham

University Press, 2017 未邦訳）における「公共物」をめぐる議論も、現代政治の隘路をくぐり抜けるためのアイデアを与えてくれる書である。内容について詳しくは本書第6章の議論を参照されたい。講義録であるため英語も読みやすい。

最後に、ポスト真実と全体主義の問題を考えるにあたって、もうひとつ外せないのが、SF小説における傑作、**ジョージ・オーウェル『一九八四年』**（高橋和久訳、ハヤカワepi文庫、二〇〇九年）である。もはや古びたディストピア小説に分類されつつあったこの作品が、トランプ現象とともに再び急速な注目を集めていることは周知のとおり。真理省、二重思考、忘却穴、テレスクリーンなどのアイデアは、まさにポスト真実時代の諸現象を彷彿とさせるものである。あわせて**オルダス・ハクスリー『すばらしい新世界』**（大森望訳、ハヤカワepi文庫）も、AIやビッグデータ、バイオテクノロジーなどの最新テクノロジーの発展を念頭に置きながら読むと、新たなリアリティをもって蘇ってくるはずだ。言語機能の破壊という本書第4章の議論とあわせて読むのも面白いだろう。拙著『**漂泊のアーレント　戦場のヨナス――ふたりの二〇世紀　ふたつの旅路**』（戸谷洋志との共著、慶應義塾大学出版会、二〇二〇年）のエピローグにも記したように、SF小説が描いていた近未来が現実のものとなりつつある今、われわれは想像力と思想の力をいっそう磨いていかねばなるまい。

あとがき

本書を執筆するひとつのきっかけとなったのは、二〇一八年四月に映画館で『ペンタゴン・ペーパーズ／最高機密文書』を鑑賞したことだった。

ペンタゴン・ペーパーズについて、アーレントが「政治における嘘」のなかで論じていることは知っていたのだが、映画を観るまでは、この機密文書の歴史的位置づけがよく理解できていなかった。この優れた映画のおかげで、事件の経緯や背景をよく理解することができたと同時に、当時大きな問題となっていた公文書改竄問題と重ね合わせて、さまざまな考えをめぐらす機会を得た。監督のスティーブン・スピルバーグは、トランプ政権による「フェイクニュース」批判とメディアへの奮起を促すためにこの映画を作ったと明言しているが、公文書問題で揺れ続けていた日本にとっても絶好の公開タイミングになったと多くの人が感じたことだろう。

それにしても、こうした政治的事件を、スピルバーグという一流監督が、トム・ハンクスとメリル・ストリープという一流俳優を起用して、第一級の娯楽作品に仕上げてしまうあたりに、アメリカの持つ底力を感じざるをえなかった。「報道の自由 free press を守る唯一の手段は、報道することだ」「メディアが仕えるべきは、統治者 the governors ではなく被統治者 the governed だ」といった台詞がサラリと出てくるあたりも格好良い。アメリカの政治も多くの問題を抱えていることは間違いないが、権力に真っ向から対抗しようとするメディアとエンターテイメント、そして市民の姿勢には素直に心打たれるものがあった。

ちょうどその折、青土社編集部の村上瑠梨子さんから、雑誌『現代思想』の「研究手帖」（毎月、研究者がその時々の研究関心などを自由に綴るリレーエッセイのコーナー）に、何か書きませんかとお声がけをいただいた。ありがたくその機会を利用させていただき、映画『ペンタゴン・ペーパーズ』の感想とアーレントの「政治における嘘」論を結びつけた短文を寄稿した（『現代思想』二〇一八年五月号掲載）。「ポスト真実」や「フェイクニュース」といったキーワードも念頭に置きつつ、アーレントが当時のアメリカ政府による「政治における嘘」を痛烈に批判しながらも、同時に「活動」と「嘘」のあいだにある種の親和性を見出していたというギャップをどのように捉えるべきかという問いを書きつけて、そのエッセイを締めくくった。

すると幸運なことに、翌月の『現代思想』で「公文書とリアル」という特集を組むことになったので、「研究手帖」で記した問題関心を発展させて、論考を書きませんかという依頼を村上さんから続けていただいた。渡りに舟とばかりに喜んでお引き受けし、「アーレント「政治における嘘」論から考える公文書問題」（『現代思想』二〇一八年六月号掲載）を寄稿した。

ここでは、アーレントの伝統的な嘘と現代的な嘘の対比や、首尾一貫した虚構への逃避といったアイデアを援用しながら、安倍政権下での公文書改竄問題の根幹がどこにあるかについての私見を記した。

この論考には予想以上に多くの反響をもらった。不都合な事実を隠蔽する「伝統的な嘘」とは異なり、嘘のほうに現実を作り変えていこうとする「現代的な嘘」と、それがもたらす「世界の破壊」というアーレントが五〇年以上前に著したアイデアが、二一世紀の現代にこれほどリアリティをもって蘇ってきたことは私自身にとっても驚きであった。そのアイデアを借りることによって、今日の政治における嘘の不気味さを、うまく言語化できたのではないかという手応えが自分のなかにもあった。

この論考がきっかけで、『朝日新聞』にも公文書問題に関する特集記事にコメントを掲載してもらったが（「疑惑国会、うそが書き換える「現実」市民覆う冷笑主義」、『朝日新聞』二〇一八年七月二三日付）、その取材を受けた際に、記者の高久潤さんと当時の政治問題やアーレント思想の現代的意義についていろいろ意見交換させてもらったことも、その後の論考を書き進めるうえで良い刺激になった。

その直後に、今度は青土社書籍編集部の加藤峻さんからご連絡をいただき、先の論考を発展させて、次はこれを本にしませんかというご依頼をいただいた。数ヶ月の間にこれほどとんとん拍子に話が進んだのは改めて幸運だったとしか言いようがないが、それだけ今日のポスト真実問題とアーレントの政治における嘘論の相性が良かったことの証左でもあったと思う。実際にこの時期、ポスト真実とアーレントを結びつけて論じる研究が国内外で立て続けに発表されるようになっている（本書序章参照）。

加藤さんは拙稿を激賞してくださり、ポスト真実問題とアーレント思想を絡めた本をぜひ書きましょう、と後押ししていただいた。『嘘と政治』というシンプルかつ本質を突いたタイトルを依頼当初から提示してくださったのも加藤さんである。その言葉に気持ちよく乗せられて、本書の草稿を書き始めたのが二〇一八年の夏頃であった。

各章の草稿を送るたびに、加藤さんから「面白いですね！　特に○○の箇所が良かったです」というお褒めの言葉をいただき、それに勇気づけられて勢いとともに原稿を書き進めることができた。『現代思想』二〇一九年五月臨時増刊号「総特集＝現代思想43のキーワード」でも、村上さんから「ポスト・トゥルース」の項目執筆依頼をいただき、草稿の一部をそこで披露させてもらえたことも良い機会になった。

しかしそうこうしている内に、二〇二〇年に入ってコロナ禍が始まると、世界が一変し、安倍内閣とトランプ政権が退陣することになって、政治の風向きも変わってきた。元々、加藤さんからは、「二〇二〇年には東京オリンピックと米国大統領選があり、新たな十年間の区切りが始まって政治の流れが変わってくると思うので、できればこの本は二〇二〇年中に出しましょう！」と言われていたのだが、その予想は見事に的中していた。私の筆の遅さゆえに、結局、当初の予定から半年以上遅れてしまったのだが、なんとか最後まで書き上げることができたのは、青土社の加藤さんと村上さんのおかげである。改めて御礼を申し上げたい。

　いまだ出口が見えないコロナ禍のなかで、新たな政治問題の登場も感じつつ、まずは二〇一〇年代のポスト真実問題を思想的に捉えるための一つの視座を提示しておきたいというのが本書の目指したところであった。その試みがどこまで上手くいったかは読者諸賢の判断に委ねるほかない。

　執筆期間中は立命館大学に専門研究員としてお世話になった。受入教員の日暮雅夫先生は、いつも良き議論相手となってくださり、快適に研究できる環境を整えてくださった。また、本書を執筆するにあたっては、科学研究費若手研究「テクノロジー的全体主義の分析：アーレントとヨナスの思想比較を通じて」（課題番号：19K12974）の助成を受けた。記して感謝したい。

　最後に、真理への真摯な態度と誠実で真面《まとも》な政治がこの世界に取り戻されることを願って。

二〇二一年三月

百木　漠

参考文献

ハンナ・アーレント著作

アーレントの主要著作については以下の略号を用いた。例えば、（OT: p.474, Ⅲ三四五頁）という引用表記は、『全体主義の起源』（英語版）からの引用で、原著で四七四ページ、邦訳では第三分冊の三四五ページを指していることを示す。ただし『全体主義の起源』の邦訳は、ドイツ語版を底本としつつ、英語版訳も含まれているため、引用箇所によって英語版とドイツ語版の参照を使い分けた。

BPF *Between Past and Future : Eight Exercises in Political Thought*, Penguin Classics, 2006［初版 1961・第二版 1968］.（＝『過去と未来の間——政治思想への8試論』、引田隆也・齋藤純一訳、みすず書房、一九九四年。）

CR *Crises of the Republic*, : Harcourt Brace Jovanovich, 1972.（＝『暴力について——共和国の危機』、山田正行訳、みすず書房、二〇〇〇年。）

DT *Denktagebuch : 1950-1973*, herausgegeben von Ursula Ludz und Ingeborg Nordmann, Piper, 2003.（＝『思索日記』Ⅰ・Ⅱ、青木隆嘉訳、法政大学出版局、二〇〇六年。）

EJ *Eichmann in Jerusalem* : *A Report on the Banality of Evil*, Penguin Classics, 2006［初版 1963］.（＝『新版 エルサレムのアイヒマン——悪の陳腐さについての報告』、大久保和郎訳、みすず書房、二〇一七年。）

EU *Essays in Understanding* : *1930-1954*, edited by Jerome Kohn, Harcourt Brace & Company, 2005［初版 1994］.（＝『アーレント政治思想集成1 組織的な罪と普遍的な責任』・『アーレント政治思想集成2 理解と政治』、齋藤純一・山田正行・矢野久美子訳、みすず書房、二〇〇二年。）

EUtH *Elemente und Ursprünge totaler Herrschaft : Antisemitismus, Imperialismus, Totalitarismus*, Piper, 1986［初版 1955］.（=『新版 全体主義の起原』1〜3、大久保和郎・大島通義・大島かおり訳、みすず書房、二〇一七年。）
HC *The Human Condition*, The University of Chicago Press, 1958.（=『人間の条件』、志水速雄訳、ちくま学芸文庫、一九九四年。）
MDT *Men in Dark Times*, Harcourt Brace Jovanovich, 1968.（=『暗い時代の人々』、阿部齊訳、ちくま学芸文庫、二〇〇五年。）
OR *On Revolution*, Penguin Classics, 2006［初版 1963］.（=『革命について』、志水速雄訳、ちくま学芸文庫、一九九五年。）
OT *The Origins of Totalitarianism* (new edition), Harcourt Brace & Company, 1973［初版 1951］.（=『新版 全体主義の起原』1〜3、大久保和郎・大島通義・大島かおり訳、みすず書房、二〇一七年。）
PP *The Promise of Politics*, edited by Jerome Kohn, Schocken Books, 2007［初版 2005］.（=『政治の約束』ジェローム・コーン編、高橋勇夫訳、ちくま学芸文庫、二〇一八年。）
RJ *Responsibility and Judgment*, edited by Jerome Kohn, Schocken Books, 2005［初版 2003］.（=『責任と判断』ジェローム・コーン編、中山元訳、ちくま学芸文庫、二〇一六年。）
TWB *Thinking Without a Banister*, edited by Jerome Kohn, Schocken Books, 2018.

書簡集

Arendt, Hannah / McCarthy, Mary, *Between Friends: The Correspondence of Hannah Arendt and Mary*, Harvest Books, 1996.（=『アーレント＝マッカーシー往復書簡——知的生活のスカウトたち』、キャロル・ブライトマン編、佐藤佐智子訳、法政大学出版局、一九九九年。）

邦語文献

アウグスティヌス、一九七九、「信仰・希望・愛（エンキリディオン）」、『アウグスティヌス著作集 第4巻

神学論集』、赤木善光（訳）、一八九―三八〇頁、教文館。

明石順平、二〇一七、『アベノミクスによろしく』、集英社インターナショナル新書。

――、二〇一九、『国家の統計破壊』、集英社インターナショナル新書。

ウェーバー、マックス、一九六〇、『支配の社会学1』、世良晃志郎（訳）、創文社。

――、二〇一八、『仕事としての学問　仕事としての政治』、野口雅弘（訳）、講談社学術文庫。

大竹弘二、二〇一八、『公開性の根源――秘密政治の系譜学』、太田出版。

大竹弘二・國分功一郎、二〇一五、『統治新論――民主主義のマネジメント』、太田出版。

上西充子、二〇一九、『呪いの言葉の解きかた』、晶文社。

――、二〇二〇、『国会をみよう――国会パブリックビューイングの試み』、集英社クリエイティブ。

オーウェル、ジョージ、二〇〇九、『一九八四年［新訳版］』、高橋和久（訳）、早川書房。

大橋完太郎、二〇一九、「「ポスト・トゥルース」試論――現象と構造」、『美学芸術学論集』、第一五号、五―五〇頁、神戸大学文学部芸術学研究室。

――、二〇二〇、「附論：解釈の不安とレトリックの誕生――フランス・ポストモダニズムの北米展開と「ポストトゥルース」」、リー・マッキンタイア『ポストトゥルース』、二二五―二五六頁、人文書院。

カー、E．H、一九六二、『歴史とは何か』、清水幾太郎（訳）、岩波新書。

カクタニ、ミチコ、二〇一九、『真実の終わり』、岡崎玲子（訳）、集英社。

カント、イマニュエル、二〇〇二、「人間愛からの嘘」、谷田信一（訳）、『カント全集13 批判期論集』、二五一―二六〇頁、岩波書店。

北田暁大、二〇〇五、『嗤う日本の「ナショナリズム」』、NHKブックス。

倉橋耕平、二〇一九、「ネット右翼と参加型文化――情報に対する態度とメディア・ソテラシーの右旋回」、『ネット右翼とは何か』、樋口直人・永吉希久子・松谷満・倉橋耕平・シェーファー、ファビアン・山口智美（著）、一〇四―一三二頁、青弓社。

コイレ、アレクサンドル、二〇一八、「嘘についての省察」、西山雄二・大江倫子（訳）、『多様体』第一号、二一三―二三〇頁、月曜社。

小山花子、二〇二〇、「真理と嘘――二〇世紀の政治を問う」、『アーレント読本』、日本アーレント研究会（編）、一一三―一二二頁、法政大学出版局。

斎藤幸平（編）、二〇一九、『未来への大分岐――資本主義の終わりか、人間の終焉か？』、集英社新書。

佐藤卓己、二〇一八、「デジタル時代にこそメディア史的思考を」、『世界思想』、第四五号、二八―三一頁、世界思想社。

――、二〇一九、『流言のメディア史』、岩波新書。

サンスティーン、キャス、二〇一二、『熟議が壊れるとき――民主政と憲法解釈の統治理論』、那須耕介（編・監訳）、勁草書房。

――、二〇一八、『#リパブリック――インターネットは民主主義になにをもたらすのか』、伊達尚美（訳）、勁草書房。

新藤宗幸、二〇一九、『官僚制と公文書――改竄、捏造、忖度の背景』、ちくま新書。

瀬畑源、二〇一八、『公文書問題――日本の「闇」の核心』、集英社新書。

――、二〇一九、『公文書管理と民主主義――なぜ、公文書は残されなければならないのか』、岩波ブックレット。

大黒岳彦、二〇一八、「〈文書〉《ドキュメント》の存在論」、『現代思想』、第四六巻一〇号、一六五―一八四頁、青土社。

千葉雅也、二〇一九、『意味がない無意味』、河出書房新社。

津田大介、二〇一八、『情報戦争を生き抜く――武器としてのメディアリテラシー』、朝日新書。

土田知則、二〇一九、「ポストモダニズムと「真実の死」」、『思想』、第一一四七号、二四―三四頁、岩波書店。

西崎文子、二〇一九、「(書評)『真実の終わり』ミチコ・カクタニ〈著〉」、『朝日新聞』、二〇一九年七月二七日朝刊。

デリダ、ジャック、二〇一四、「アメリカ独立宣言」、宮﨑裕助（訳）、『思想』、第一〇八八号、五二―六三頁、岩波書店。

――――、二〇一七、『嘘の歴史序説』、西山雄二（訳）、未來社。

ハイデッガー、マルティン一九九七、『「ヒューマニズム」について』、渡邊二郎（訳）、ちくま学芸文庫。

ハクスリー、オルダス、二〇一七、『すばらしい新世界［新訳版］』、大森望（訳）、ハヤカワepi文庫。

バートレット、ジェイミー、二〇一八、『操られる民主主義――デジタル・テクノロジーはいかにして社会を破壊するか』、秋山勝（訳）、草思社。

パリサー、イーライ、二〇一六、『フィルターバブル――インターネットが隠していること』、井口耕二（訳）、ハヤカワ文庫。

ハラリ、ユヴァル・ノア、二〇一六、『サピエンス全史』（上・下）、柴田裕之（訳）、河出書房新社。

――――、二〇一九、『21 Lessons――21世紀の人類のための21の思考』、柴田裕之（訳）、河出書房新社。

ヒース、ジョゼフ、二〇一四、『啓蒙思想2.0――政治・経済・生活を正気に戻すために』、栗原百代（訳）、NTT出版。

フーコー、ミシェル、二〇〇六、『フーコー・コレクション〈4〉権力・監禁』、小林康夫・松浦寿輝・石田英敬（訳）、ちくま学芸文庫。

――――、二〇〇七、『ミシェル・フーコー講義集成〈7〉安全・領土・人口』、高桑和巳（訳）、筑摩書房。

布施祐仁・三浦英之、二〇一八、『日報隠蔽――南スーダンで自衛隊は何を見たのか』、集英社。

プラトン、一九七九、『国家』（上・下）、藤沢令夫（訳）、岩波文庫。

フランクファート、ハリー・G、二〇〇六、『ウンコな議論』、山形浩生（訳）、筑摩書房。

ボク、シセラ、一九八二、『嘘の人間学』、古田暁（訳）、ティビーエス・ブリタニカ。

保坂希美、二〇一一、「カント倫理学における嘘の問題」、新潟大学大学院現代社会文化研究科修士論文、http://www2.human.niigata-u.ac.jp/~mt/ningen/docs/HOSAKA.pdf（二〇二一年三月一五日閲覧）。

野口雅弘、二〇一八、『忖度と官僚制の政治学』、青土社。

――――、二〇二〇、『マックス・ウェーバー――近代と格闘した思想家』、中公新書。

牧野雅彦、二〇一九、「政治における虚偽と真実——アレント「真理と政治」によせて」、『思想』、第一一四四号、五九—八五頁、岩波書店。

マッキンタイア、リー、二〇二〇、『ポストトゥルース』、大橋完太郎（監訳）、居村匠・大﨑智史・西橋卓也（訳）、人文書院。

三浦隆宏、二〇一八、「嘘にとり憑かれた政治と〈感覚〉の狂い——デリダ、アーレント、カントの三叉路」、『椙山女学園大学研究論集 人文科学篇』、第四九号、六五—七四頁。

——、二〇二〇、「アイヒマン裁判——「悪の凡庸さ」は論駁されたか」、『アーレント読本』、日本アーレント研究会（編）、一〇三—一一二頁、法政大学出版局。

宮﨑裕助、二〇二〇、『ジャック・デリダ——死後の生を与える』、岩波書店。

百木漠、二〇一八a、『アーレントのマルクス——労働と全体主義』、人文書院。

——、二〇一八b、「アーレント「政治における嘘」論から考える公文書問題」、『現代思想』、第四六巻一〇号、一九〇—一九八頁、青土社。

——、二〇一九a、「全体主義とは何か——アーレント『全体主義の起原』を手がかりに」、『生きる場からの哲学入門』、大阪哲学学校（編）、二二〇—二三九頁、新泉社。

——、二〇一九b、「ポスト・トゥルース」、『現代思想』、第四七巻六号、一〇〇—一〇五頁、青土社。

森川輝一、二〇一七、「アーレントの「活動」論再考——「評議会」論を手がかりに」、『アーレントと二〇世紀の経験』、川崎修・萩原能久・出岡直也（編）、三—二八頁、慶應義塾大学出版会。

山本理顕、二〇一五、『権力の空間／空間の権力——個人と国家の〈あいだ〉を設計せよ』、講談社選書メチエ。

和田隆之介、二〇一九、「アレントの現象論的嘘論——デリダ『嘘の歴史 序説』の読解から」、『思想』、第一一四二号、二六—四三頁、岩波書店。

欧語文献

Brahms, Yael, 2020, "Philosophy of Post-Truth", *Institute for National Security Studies,* pp.1-19.

Birmingham, Peg, 2010, "A Lying World Order: Deception and the Rhetoric of Terror", in *Thinking in Dark Times: Hannah Arendt on Ethics and Politics*, edited by Roger Berkowitz, Jeffrey Katz, and Tomas Keenan, pp.73-78, Fordham University Press.

Caruth, Cathy, 2010, "Lying and History", *Thinking in Dark Times: Hannah Arendt on Ethics and Politics*, edited by Roger Berkowitz, Jeffrey Katz, and Tomas Keenan, pp.79-92, Fordham University Press.

d'Ancona, Matthew, 2018, *Post-Truth: The New War on Truth and How to Fight Back*, Ebury Press.

Davis, Evan, 2018, *Post-Truth: Why We Have Reached Peak Bullshit and What We Can Do About It*, Little, Brown.

Gines, Kathryn T, 2014, *Hannah Arendt and the Negro Question*, Indiana University Press.

Honig, Bonnie, 1991, "Declarations of Independence: Arendt and Derrida on the Problem of Founding a Republic", *The American Political Science Review*, vol.85, no.1, pp. 97-113.

————, 2017, *Public Things: Democracy in Disrepair*, Fordham University Press.

Hyvönen, Ari-Elmeri, 2018, "Careless Speech: Conceptualizing Post-Truth Politics", *News Perspectives,* vol.26, no.3, pp.31-55.

Keyes, Ralph, 2004, *The Post-truth Era: Dishonesty And Deception In Contemporary*, St Martins Pr Life.

Ludz, Ursula, 2017, "On the Truth- and- Politics Section in the *Denktagebuch*", *Artifacts of Thinking: Reading Hannah Arendt's Denktagebuch*, edited by Roger Berkowitz and Ian Storey, pp.37-50, Fordham University Press.

Lynch, Michael, 2020, "We Have Never Been Anti-Science: Reflections on Science Wars and Post-Truth", *Engaging Science, Technology, and Society,* vol.6, pp.49-57.

Monod, Jean-Claude, 2017, "Between post-truth and epistemocracy: Positioning a democratic politics", Translated from the French by Saul Lipetz, *In Esprit Issue* 10, pp.143-153.

Pashkova, Valeria / Pashkov, Mikhail, 2018, "Truth and Truthfulness in Politics", *Philosophy Today,* vol.62, no.2, pp.447-470.

Sepczyńska, Dorota, 2019, Post-Truth from the Perspective of Hannah Arendt's Political Theory, *Filozofia*, vol.74, no.3, pp. 209-222.

Tesich, Steve, 1992, "A Government of Lies," *The Nation*, January 6, 1992.
Yasemin Sari, 2018, "Arendt, Truth, and Epistemic Responsibility", *Arendt Studies*, vol.2, pp. 149-170.

※引用文献について、邦訳があるものについては基本的にそれを参照したが、筆者の判断で訳文を改めた箇所もある。

索引

人名

事項

あ行

か行

さ行

た行

な行

［著者］百木 漠（ももき・ばく）
1982年生まれ。社会思想史専攻。関西大学法学部准教授。京都大学大学院人間・環境学研究科博士後期課程修了。博士（人間・環境学）。単著に『アーレントのマルクス──労働と全体主義』（人文書院）、共著に『漂泊のアーレント　戦場のヨナス──ふたりの二〇世紀 ふたつの旅路』（戸谷洋志との共著、慶應義塾大学出版会）、『アーレント読本』（日本アーレント研究会編、法政大学出版局）、共訳書に『アメリカ批判理論──新自由主義への応答』（マーティン・ジェイ／日暮雅夫編著、晃洋書房）などがある。

嘘と政治
ポスト真実とアーレントの思想

2021年4月15日　第1刷印刷
2021年4月30日　第1刷発行

著者──百木 漠

発行者──清水一人
発行所──青土社

〒101－0051　東京都千代田区神田神保町1-29　市瀬ビル
［電話］03-3291-9831（編集）03-3294-7829（営業）
［振替］00190-7-192955

組版──フレックスアート
印刷・製本──シナノ印刷

装幀──北岡誠吾

©2021, MOMOKI Baku, Printed in Japan
ISBN978-4-7917-7375-6　C0010